MES DROITS

MES DROITS

PAR

PAUL LACOMBE

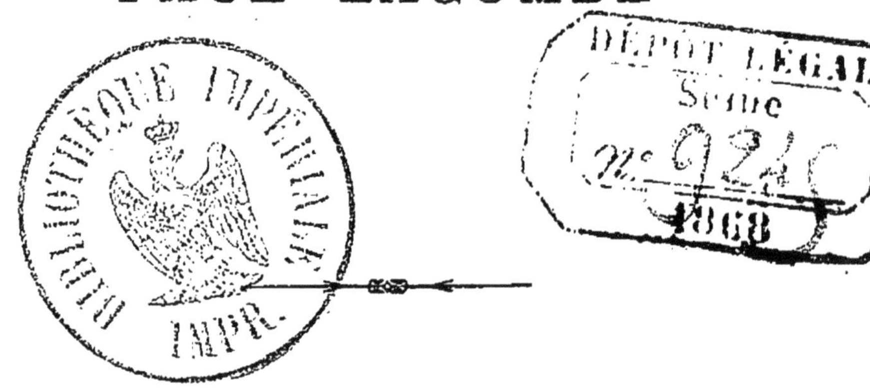

PARIS

GERMER BAILLIÈRE, LIBRAIRE-ÉDITEUR

RUE DE L'ÉCOLE-DE-MÉDECINE, 17

LONDRES	NEW-YORK
Hipp. Baillière, 219, Regent street.	Baillière brothers, 440, Broadway.

MADRID, C. BAILLY-BAILLIÈRE, PLAZA TOPETE, 16

1869

A MON PÈRE

MES DROITS

CHAPITRE PREMIER

I

Je viens réclamer ce que je crois être mon droit.

Né en 1834, je n'ai pas participé, à ce que j'imagine du moins, aux fureurs de 93. Je n'ai pas fait davantage la révolution de 1830 ni même celle de 1848. Je ne suis pour rien dans l'établissement de l'Empire. Après cette déclaration, on pourra encore, si l'on veut, me reprocher la guillotine de 93 ou les barricades de 48 ; mais je préviens qu'on ne me convaincra pas.

Les droits que je prétends sont ceux de tout le monde ; mais n'ayant reçu de qui que ce soit mandat de le défendre, je ne parlerai que pour moi. Je ne représente que moi ; si j'ai raison, ce sera assez.

Il est possible qu'un certain nombre d'hommes de ma génération partage les opinions que j'exposerai tout à l'heure, c'est même assez probable. Mais je n'en sais rien et je ne le supposerai pas. Si ma cause est bonne, qu'importe !

Il ne faudrait pas qu'on se crût en droit de mépriser mes réclamations parce que je me présente seul. C'est une erreur bien étrange que d'avoir égard au nombre ; quand il s'agit de justice, le nombre n'est rien ; sous ce rapport, les foules n'existent pas. On peut négliger les masses et raisonner comme si elles se réduisaient à un seul homme. Le droit réside aussi considérable, aussi plein, aussi majestueux en un seul homme qu'en cent ou cent mille ; quel rapport le nombre a-t-il avec le droit ? Aucun, il n'est pas de même nature ; un million de feuilles vertes ne sont pas plus vertes qu'une seule.

A plus forte raison le nombre ne fait pas le droit. La volonté générale comme source de droit est moins que rien. La terre entière, un milliard d'hommes convenant de commettre un acte injuste ne sauraient le rendre moins injuste d'un iota.

II

Sans m'attacher à des droits moins essentiels, je viens réclamer : 1° la liberté naturelle de dire par la parole, par la plume ou l'imprimerie, ce que je pense, ce que je trouve juste ou vrai ; 2° la liberté de former des réunions ou des sociétés avec qui bon me semblera ; autrement dit, je réclame la liberté de la presse et la liberté de réunion.

On me demandera si je les veux illimitées. Illimitées? oh! non ; je les veux comme la liberté de marcher, de manger, de respirer, etc., limitées par l'usage que mon voisin fera de ces libertés, par sa jouissance égale à la mienne.

Ces libertés, je les veux non pour moi seul, mais pour tous mes concitoyens. On m'objectera peut-être l'engagement que j'ai pris ne ne parler que pour moi. Je répondrai que je ne parle que pour moi, que les intérêts d'autrui sont censés m'être indifférents, mais qu'il est de mon intérêt que mes concitoyens jouissent des libertés en question. Je le prouverai tout à l'heure. J'observerai en passant d'abord que le droit de réunion serait illusoire accordé à moi seul, par l'excellente raison que pour se réunir il faut être deux au moins.

III

Faut-il prouver que j'ai droit à ces deux libertés, ou autrement dit que ces libertés sont des droits? Ce serait plutôt à ceux qui veulent m'en priver de prouver le contraire; mais je veux être de bonne composition.

Je montrerai jusqu'où s'étend le domaine naturel de l'individu, et que ces libertés y sont comprises.

Chaque homme a droit de faire tout ce qui lui plaît. Son droit est illimité en principe; si chaque homme était seul sur la terre, son droit serait illimité de fait. Mais dès qu'il y a deux hommes, précisément parce que chacun a un droit égal, s'ils viennent à se rencontrer et à s'embarrasser en agissant, si chacun ne peut agir qu'à la condition que l'autre n'agira pas, il faut que chacun se restreigne ou se tienne tranquille. L'exercice du droit, en effet, blesserait un droit égal, ou plus précisément le droit se renverserait lui-même.

Ce qui est permis n'est donc pas si difficile à distinguer de ce qui n'est pas permis. Étant donné un acte quelconque, pour savoir s'il est licite ou illicite il n'y a qu'à regarder si, tout le monde se le permettant, l'activité de chacun passera pour ainsi dire à côté de celle du voisin sans la toucher, ou si, chacun rencontrant les autres, les activités diverses se résoudront dans des chocs fâcheux et dans un empêchement mutuel.

Ne fais que ce que ton voisin, ton égal, peut faire en même temps que toi, sans que tu l'empêches ni qu'il t'empêche toi-même dans l'accomplissement de cet acte ou d'un autre acte équivalent. Voilà le précepte de la justice.

Un acte que tous les hommes font habituellement sans se heurter, et qui par conséquent est permis, qui est de droit, peut, par l'effet de certaines conjonctures, devenir illicite, en devenant impossible à faire en même temps par tous ; mais ce n'est qu'au moment où cette difficulté se présente, et ce n'est que tant qu'elle dure que l'acte est défendu. Avant et après, le droit illimité de l'individu reprend son cours.

Un exemple éclaircira ces principes, déjà fort clairs, ce me semble.

Je prétends prendre les fruits qui me semblent bons à prendre partout où je les rencontre ; c'est une fausse liberté, une liberté contradictoire qui se renverse elle-même. En effet, que chacun prétende en faire autant, et personne bientôt ne se mettra plus en peine de faire venir des fruits. La faculté de manger des fruits sera perdue pour tous, de la manière la plus sûre, puisqu'il n'y aura plus de fruits.

Voyons si la liberté de la presse et celle de réunion offrent le même caractère. Je prétends publier tout ce qui me passe par l'esprit; je prétends me réunir pour causer ou délibérer avec qui bon me semble; mes voisins publient de leur côté ce qu'ils veulent, se réunissent comme ils veulent; je ne les gêne pas et je n'en suis pas gêné; au contraire, nos idées se corrigent, se rectifient les unes par les autres. Leur activité intellectuelle accroît la mienne, et la mienne excite la leur. Autant il en arrive pour les réunions; plus j'en fais, plus les autres en font, et réciproquement. Loin qu'il y ait choc, empêchement, c'est une concurrence, une stimulation universelle. La liberté de chacun augmente de fait sous la chaleur des libertés générales.

IV

« Oui, mais si, en exerçant ces libertés que vous dites vous appartenir, vous faites du tort à quelqu'un ; si vous fomentez la haine ou le mépris public contre un de vos voisins qui a droit à vivre tranquille ; si vous publiez des idées capables de pousser les mauvais garnements à commettre des méfaits ou à renverser le gouvernement établi, ce qui va encore contre le droit de votre voisin à vivre tranquille, prétendez-vous rester impuni?

— Pas du tout. Quand j'aurai fait à quelqu'un un tort prouvé, vous me punirez, j'y consens, et d'avance je déclare que vous ferez bien ; mais vous prétendez autre chose, si je ne me trompe?

— Sans doute : nous prétendons faire sur la presse et sur le droit de réunion des lois qui préviendront les abus. Il vaut *mieux prévenir que punir*.

V

— Voyons donc vos lois. Ce qui crève les yeux d'abord dans votre loi sur la presse, c'est le chiffre énorme des cautionnements : 60,000 fr. pour un journal quotidien de Paris! Vous n'y allez pas de main morte. Pourquoi ce cautionnement, s'il vous plaît? — La raison en est simple: les journalistes sont pauvres, ce métier n'est pas lucratif; il arriverait qu'après leur avoir infligé l'amende, on ne saurait où la prendre. — Mais n'avez-vous pas l'imprimeur, toujours condamné avec l'écrivain, qui en répond? — L'imprimeur n'est pas toujours riche non plus. Il est plus sûr d'imposer un cautionnement; ou l'on ne fera pas de journaux, ou l'on aura déposé dans les bureaux de quoi assurer d'avance l'exécution de la loi. — En effet, rien n'est plus simple. Si j'ai 60,000 fr., je pourrai exercer le droit que vous voulez bien reconnaître à chacun, dans une société démocratique, de publier un journal. Si je n'ai pas 60,000 fr., je ne publierai pas, je me tairai, je garderai le silence des pauvres.

— Voulez-vous que la loi devienne une lettre morte? Il faut être raisonnable. — Soyez-le donc jusqu'au bout. N'est-il pas vrai qu'on peut commettre en parlant les mêmes délits, les mêmes crimes qu'en écrivant? N'est-il pas vrai que vous punissez aussi ces méfaits par des amendes? Qu'arrivera-t-il cependant si l'auteur de ces délits, de ces crimes de parole, est pauvre? Que l'amende ne sera pas payée, que la loi deviendra lettre morte. — Que voulez-vous que nous y fassions? — Mais, ce que la logique vous commande de faire. Exigez des cautionnements de tous ceux qui voudront se servir de la langue; faites une loi ainsi conçue : « Art. 1er. Tous les hommes ont le droit naturel de parler. Art. 2. Quiconque voudra exercer son droit sera tenu de déposer un cautionnement de....» Je vous laisse à fixer le chiffre.

— C'est qu'il n'est pas, à beaucoup près, aussi nécessaire de se prémunir contre les excès de la parole; ils n'ont pas l'étendue de ceux de la presse. La parole écrite, imprimée, a une portée tout autre que celle de la parole parlée. — A la bonne heure. Mais combien la parole parlée est plus dangereuse! Qu'un journal vous diffame; le dommage est public; vous êtes aussitôt prévenu, vous pouvez aussitôt réclamer, démentir, et votre démenti, porté par le même journal, atteindra partout où la diffamation avait pénétré. Mais la diffamation en parole est insaisissable. Savez-vous à qui votre diffamateur a parlé, et à qui il n'a pas parlé? Savez-vous seulement ce qu'il a dit? Comment vous défendrez-vous? Je tiens pour vrai que vous avez dans cette situation un désavantage irremédiable;

car, à supposer que vous sachiez le fond de ce qui a été dit, vous ne connaissez pas la manière, le ton dont cela a été dit, et quelquefois tout le venin est là. Vous ne répondrez jamais au geste, au jeu de physionomie, à l'accent, à ces choses extérieures qui aiguisent, pour ainsi dire, et enfoncent un trait d'ailleurs obtus et inoffensif. Mais quoi ! vous pouvez même ignorer toute votre vie que vous avez été diffamé. L'opinion de votre famille, de vos amis, pourra être changée à votre égard du tout au tout ; vous en sentirez les effets, vous n'en connaîtrez jamais la cause. Oh ! qu'il serait désirable que tout ce qui se dit, se murmure, se chuchote, fût imprimé, publié ! Que de malentendus éclaircis, que de calomnies mises à néant, de réputations rétablies et lavées, de méchants percés à jour, de tartufes punis, de haines et de dissensions prévenues, de victimes réhabilitées !

Il y a toujours de la bravoure dans le journal; la parole est commode à toutes les lâchetés. Allons, exigez-moi un cautionnement pour l'usage de la parole; croyez-moi, c'est plus urgent que pour le journal..... Et puis, comment voulez-vous que je prenne au sérieux cette raison : *il faut assurer l'exécution de la loi;* chaque jour vos tribunaux condamnent à l'amende des gens qui n'ont pas un sou vaillant; chaque jour vos lois tombent donc à l'état de lettre morte. Ou exigez des cautionnements, non-seulement pour la parole, comme je vous le disais, mais encore pour tous les actes qui prêtent à l'abus, partant à l'amende; ou effacez-moi votre cautionnement pour les journaux, cela est sans réplique.

Pourquoi cherchez-vous à justifier le cautionnement par un motif inventé après coup? Votre cautionnement est fait pour empêcher les journaux de se multiplier, pour en réduire le nombre autant que possible. Il procède du système de prévention que vous me vantiez tout à l'heure. Il est puéril de vouloir déguiser dans l'exécution un plan que vous nous avez tout d'abord déclaré, et déclaré excellent.

Venons à présent à votre timbre, à ce timbre d'un sou que vous imposez sur un journal de trois sous. — Mais c'est un impôt! Toutes les professions payent un impôt. Voudriez-vous que la profession de journaliste fût privilégiée? — Mâtin! un sou d'impôt sur un produit brut de trois sous, c'est raide! Songez donc, le tiers du produit brut! Les professions sont imposées grandement en France! Ainsi, le marchand drapier qui fait pour 300,000 fr. d'affaires paye à l'État 100,000 fr. par an, et le pauvre petit mercier qui n'en fait que pour 3,000 fr. paye 1,000 fr.? — Pas autant. La profession de journaliste est un peu plus imposée que les autres. — Un peu plus, et pourquoi? et de quel droit ce peu plus, s'il vous plaît?

Le timbre suffit pour empêcher les journaux de vivre; avec le timbre, ils ne peuvent que végéter. Voyez dans quelles conditions se trouve un journal de Paris qu'on vend 15 c. le numéro. Il doit payer 4 c. pour la poste, 5 c. pour le timbre; il lui reste donc 6 c. pour les frais d'impression, de rédaction et d'administration. Les 5 c. de timbre représentent ce que le journal pourrait gagner; c'est tout le bénéfice possible dont l'État s'empare.

Les journalistes travaillent et l'État profite.

Il m'est arrivé quelquefois d'écrire dans les journaux; or, toute peine mérite salaire; quand j'ai été payé de ma peine, ce qui n'a pas toujours eu lieu, j'ai reçu un prix ridicule; je ne suis pas exigeant, je me serais contenté de gagner autant qu'un savetier. Mais quoi! c'était encore trop. L'administration du journal payait aussi cher qu'elle pouvait; je le savais, je ne l'accusais pas; mais j'avais conscience que l'État mettait dans sa poche ce qui aurait dû entrer dans la mienne.

Voilà la situation à l'heure qu'il est. La masse

des ouvriers intellectuels qui, directement ou indirectement, vivent, ou plutôt essayent de vivre du journal, peut se dire que l'État la réduit systématiquement à la misère. Cette classe n'a rien d'intéressant, si vous voulez ; mettons que c'est la dernière de la nation, elle ne demande pas non plus qu'on la favorise ; elle ne demande qu'une chose : l'égalité devant le fisc.

Pour mon compte, je ne mâcherai pas le mot. Quand l'État lève sur mon travail un impôt dix ou vingt fois plus considérable que celui qui pèse sur le travail des autres citoyens, je dis que je suis *exploité;* et quand, après cela, on vient me donner pour raison que mon genre de travail est à peu de chose près méprisable, je réponds à ces honnêtes gens qu'il faut être équitable d'abord, et qu'après cela ils mépriseront tant qu'il leur plaira : ce ne sera pas une affaire.

Mais revenons. Si le timbre était établi dans une idée de fiscalité pure, il serait proportionné aux autres impôts ; vous n'êtes pas si déraisonnable que vous voulez bien le dire. Avouez (il est puéril, je le répète, de ne pas l'avouer) que le timbre, comme le cautionnement, est fait pour empêcher que les journaux ne se multiplient ! C'est toujours le système, l'excellent système de la prévention. —

Eh bien, oui, c'est le système de la prévention. Vous imaginez-vous que nous craignons de l'avouer ? — Non ; mais avouer n'est pas tout, il faut encore justifier. Dites-moi, s'il vous plaît, où avez-vous pris ce droit de gêner, d'empêcher et même de suspendre indirectement le droit qui m'appartient, à moi, de publier, d'imprimer ce que bon me semble, sous forme de journal comme sous toute autre forme ?

— Vous verrez que la société ne pourra pas se protéger maintenant contre les écarts, contre les attentats de votre plume ! Il faudra qu'elle vous laisse calomnier, fomenter des troubles, des révoltes, ou vous crierez à l'injustice, à la tyrannie. — Ne faisons pas de confusion, s'il vous plaît. Que la société se protége contre les crimes de la plume, comme elle se protége contre les crimes tout courts, en les punissant après qu'ils sont commis, je n'ai rien à dire (pour le moment). — C'est cela ! quand le mal sera fait, la société avisera au remède. Je vous l'ai dit et veux bien vous le répéter : mieux vaut cent fois prévenir que punir !

— Remarquez d'abord, s'il vous plaît, un point. Quand vous m'imposez le timbre, le cautionnement, et que vous m'empêchez par là de publier mes opinions, sous prétexte que je pourrais commettre un crime d'opinion, le crime n'est pas commis encore, et déjà vous me punissez. — Comment, je vous punis? — Parfaitement : si me priver d'un droit n'est pas une peine, il n'y a plus rien d'évident; c'est comme si vous me preniez ma bourse. Il n'y a qu'une différence, c'est que la bourse est un objet matériel qui tombe sous les sens. Grande différence, j'en conviens, pour les esprits obtus qui ne conçoivent la propriété que visible, que palpable ; je ne vous ferai pas l'injure de vous ranger parmi ces cerveaux épais. Vous me punissez donc, et je vous défierai même d'inventer une mesure préventive qui ne soit pas une punition. La prévention pure n'existe pas.

Nous avons cette maxime, infuse pour ainsi dire, dans notre code criminel : la loi ne punit que les crimes commis; vous la remplacez en fait de presse par celle-ci : « La loi punit les crimes à commettre, » ou, comme vous dites : « Mieux vaut prévenir que punir, » ce qui est la même chose en d'autres termes. — Cependant cela me semble si clair : il vaut mieux prévenir que punir. — Si c'est si clair, si ce principe est vrai, est utile, tirons-en toutes les heureuses applications qu'il renferme.

Il n'y a pas que la liberté d'écrire qui soit un instrument de crimes ; vous allez, vous marchez librement : c'est fort dangereux ; qui me garantit (comme vous dites) que vos pieds ne vous porteront pas à quelque rendez-vous adultère ou à quelque conciliabule d'assassins ? Réglons, s'il vous plaît, l'usage de vos pieds. Vous déposerez un cautionnement ou vous ne marcherez pas. Et cette main que je vois là pendante à vos côtés, ne pouvez-vous pas vous en servir pour une multitude de forfaits ? Réglons, réglons avec de bonnes cordes l'usage de votre main... ou déposez encore un cautionnement. Je gage que vous avez sur vous un couteau. Un couteau, seigneur Dieu ! il n'est pas possible que la société vous laisse aller partout avec un couteau sans chercher à prévenir l'abus qu'il vous est si facile d'en faire. Il est même plus urgent, remarquez-le bien, de prévenir les excès du couteau que ceux de la presse. Les gens que la presse massacre n'en meurent pas ordinairement, et le mal n'est pas tout à fait irréparable ; mais un couteau !.... Avez-vous des allumettes chez vous ? Probablement. Peut-être même du feu dans votre cheminée. Cela ne peut pas durer ainsi. Songez donc ! si vous alliez jeter un tison chez le voisin ! Qu'un peu de vent vienne à s'élever, et voilà une ville en cendres. Réglons, réglons vite...

Mais, que dis-je, régler? régler est insuffisant, il faut interdire. Si régler n'est pas mauvais, il n'y a qu'interdire qui vaille finalement. Et qu'interdirons-nous? Tout, car il n'y a rien dont on ne puisse abuser. Tout homme vivant est une menace constante pour ses voisins; c'est un malfaiteur possible, un suspect dont on peut attendre tous les crimes.

Si nous étions logiques, nos juges se hâteraient de rendre un bon arrêt par lequel tous les hommes seraient condamnés préventivement à la prison perpétuelle; après quoi, considérant qu'ils sont hommes aussi, ils iraient s'enfermer d'eux-mêmes, chacun dans une cellule séparée. Ce n'est pas sérieux? dira-t-on. Parbleu non! Ce serait sérieux si votre principe l'était, parce qu'un principe vrai ne donne jamais que des conséquences raisonnables; c'est absurde... comme il convient à la conséquence d'un principe absurde.

Ne soyons logique qu'à demi, vous allez voir que nous serons à moitié absurde... Notre chétive justice d'aujourd'hui, qui se traîne toujours d'un pied boiteux derrière les crimes, est abolie. Une justice nouvelle est inaugurée qui devance les crimes, qui vole au devant. Les juges ont le pouvoir d'emprisonner, d'exiler les hommes de mauvaises mœurs, de mauvaises renommées, ou soupçonnés de mauvais desseins! Voyez-vous d'ici le bel ordre nouveau, la grande sécurité dont jouissent les citoyens? On n'a presque plus rien à craindre... que les juges.

—Votre argumentation pèche par la base : vous avez tort d'assimiler la liberté d'écrire ou de vous réunir aux libertés d'aller, de venir, de travailler, etc. Vous croyez à tort avoir droit de publier vos opinions; à cet égard, vous n'avez d'autre droit que celui que la société veut bien vous accorder. — Comment cela, s'il vous plaît? — Le droit de dire ce que vous pensez est une de ces libertés primitives qui étaient de mise dans l'état de nature; mais enfin il faut convenir que l'homme, selon la belle parole de Portalis, a abandonné certains droits en entrant en société, en vue de mieux assurer les autres...... Quoi, vous souriez? — Le moyen de garder son sérieux! »

CHAPITRE II

I

Cette invention d'un état de sauvagerie qui aurait précédé l'état de société appartient à Jean-Jacques Rousseau. Le premier, Rousseau s'est figuré l'homme vivant seul dans une forêt infinie qui couvrait toute la terre; il l'a vu errant au hasard dans le crépuscule des grands arbres, se jetant avec voracité sur tous les fruits qui s'offraient; attaquant, pour lui voler son arc ou sa toison de bête, le mâle qu'il rencontrait sur son chemin, violentant la femelle, puis poursuivant sa route sans souci des conséquences. C'était un homme de beaucoup d'imagination que Rousseau; mais qui croit à présent à cet état de sauvagerie? Personne, et cependant on continue de raisonner comme si l'on y croyait.

C'est en pensant au tableau tracé par Rousseau

de l'homme primitif qui tue, vole et viole sans remords, qu'on s'écrie : Voilà les libertés de l'état sauvage ! L'homme à dû y renoncer en entrant en société, il a dû renoncer à satisfaire tous ses appétits, il a dû reconnaître un tien et un mien, un droit et un devoir. Et l'on ajoute tranquillement : Il a renoncé encore à quelques autres droits, par exemple à celui de fonder sans conditions des journaux imprimés, à celui de former sans entraves des réunions où les actes de l'administration seraient critiqués. — Voilà une belle théorie ! Autant de mots, autant de sottises, et même un peu plus.

1° L'état de sauvagerie n'a jamais existé.

2° Eût-il existé, ces facultés de tuer, de voler, qu'on nous donne pour les libertés de l'homme sauvage, n'auraient pas plus été des libertés, des droits, alors qu'aujourd'hui ; elles auraient été comme aujourd'hui des crimes, quoique devant très-probablement rester impunies.

Le caractère juste ou injuste d'un acte ne dépend pas de ce que vous appelez la société ; cela n'a aucun rapport avec elle. Ni la volonté d'un homme ni celle de cent mille ne peuvent rien changer à la qualité d'un acte ; il est bon ou mauvais, suivant que tous peuvent ou ne peuvent pas le faire sans collision, suivant qu'il est ou non compatible avec le maintien de l'égalité. Tout ce qui est injuste aujourd'hui l'aurait été, je le répète, dans l'état de sauvagerie; tout ce qui aurait été juste dans la supposition de cet état l'est réellement.

3° Vous me dites que j'ai renoncé à certains droits en entrant en société. Je voudrais bien savoir quand je suis entré en société; je voudrais savoir surtout à quels droits j'ai renoncé. Je serais curieux de rencontrer quelqu'un qui pût me dire nettement : Voici ce que vous abandonnâtes, voici ce que vous avez réservé. Je serais enchanté surtout s'il voulait bien me rappeler le lieu, le temps et les circonstances de ce traité extraordinaire.

L'excellent, c'est qu'on ajoute : Vous avez abandonné certains droits pour mieux vous assurer les autres; et que personne ne pourrait me dire quels sont ces autres.

Et puis au profit de qui ai-je fait cette renonciation? Devant qui, ou entre les mains de qui? De la société? Mais qu'est-ce que la société? On entend par là tantôt les rapports de famille, d'affection, de commerce, qui existent entre les hommes; tantôt les lois, les institutions, le gouvernement; tantôt enfin et tout simplement l'ensemble des hommes qui habitent un même pays.

J'imagine que c'est à ce dernier sens qu'il faut s'arrêter pour le moment.

J'aurai donc renoncé à certains droits au profit de tout le monde. *Tout le monde* serait un personnage, un être moral, juridique, qui aurait reçu ma renonciation, qui pourrait s'en prévaloir et m'obliger à l'exécuter, en m'ôtant de force la liberté de faire certains actes avantageux pour moi, innocents et licites en eux-mêmes, mais déloyaux aux termes de mon traité avec lui *Tout le monde*.

Fort bien ; mais encore une fois, quand et où ce traité a-t-il été fait ?

II

Essayons de nous former des idées claires et précises.

Jamais l'état de sauvagerie rêvé par Rousseau n'a existé. Aussi loin qu'on remonte dans le temps, on trouve les hommes groupés en familles, en tribus, en peuplades. Ils ont entre eux les rapports essentiels sans lesquels aucun homme ne saurait vivre. Ils sont pères, époux, enfants, amis, maîtres, domestiques, esclaves, propriétaires, ne fût-ce que de leurs armes ; ils commercent, ils se lient par des contrats. Or dès qu'un homme a un rapport quelconque avec un autre, ce rapport peut être juste ou injuste. Les hommes songent-ils tout de suite à considérer leurs rapports sous cet aspect, à les juger sous cette vue? Ont-ils tout de suite idée de la justice? Il est probable que cela ne tarde guère; en tout cas, dès que l'histoire nous les montre, ils l'ont, ils la possèdent; elle est chez eux bien confuse, bien obscurcie de préventions, de préjugés, si l'on veut; ils ne savent pas démêler le juste dans tous les cas, tant s'en faut; ils ne le cherchent même pas, c'est possible; mais enfin il y a déjà des points sur le squels leur conscience n'hésite plus.

C'est alors qu'on voit poindre un faible essai de gouvernement; avec le gouvernement naît ce qu'on appelle généralement la société. Ce qui existait auparavant, ces rapports de père à fils, de maître à esclave, de commerçant à commerçant, dont nous parlions tout à l'heure, forment plutôt ce qu'on nomme la civilisation.

Pour moi, tendant à la rigueur, je dirai que dès que deux ou plusieurs hommes se trouvant un intérêt commun s'accordent sur une mesure commune, la société est commencée. Au fond, la société c'est *le concert des volontés*, c'est l'assenti ment donné par chacun à ce que les autres intéressés proposent, ou c'est au moins l'assentiment donné à ce que la mesure soit prise à la pluralité des voix.

On peut dire en conséquence que là où il existe un concert de volontés, il y a société, à le prendre rigoureusement; et qu'au contraire, là où il n'y a pas concert, la société n'est pas (1).

Quand on entend la société de cette manière l'histoire change bien de figure. La société n'est plus ce quelque chose de vague, de général, d'universel, qui semble être à peu près de tous les temps et de tous les lieux. On voit qu'elle se forme peu à peu, qu'elle existe un peu dans tel pays et pas beaucoup dans tel autre; que, dans un même pays, aujourd'hui elle est sur un point où elle n'était pas hier, et que demain elle s'établira sur un autre; qu'enfin elle se fait graduellement, qu'elle *devient* comme toutes les choses humaines.

Sous Louis XIV les hommes n'étaient point en société pour le gouvernement, puisqu'ils n'étaient appelés à consentir ni leur roi, ni leurs lois, ni leurs juges.

(1) En forçant un peu l'expression, j'aurais pu dire : la société, c'est mon consentement.

Mais la société existait pour le mariage, personne n'ayant, au moins en théorie, le droit de *connaître* une femme sans qu'elle y consentît. La société existait pour l'industrie et le commerce dans la plupart des cas.

Aujourd'hui la société existe presque partout dans la famille et pour les intérêts privés ; mais il n'en est pas de même dans l'État et pour les intérêts publics. Le pays où il y a le plus de société c'est l'Amérique. Un de ceux où il y en a le moins c'est la Russie.

L'état de nature n'est pas non plus ce qu'on a cru ; il n'est pas passé, il existe encore à certains égards, comme l'état de société à d'autres, celui-ci gagnant toujours, l'autre reculant sans cesse.

En général, ce qu'on veut désigner par le mot *société* c'est le gouvernement, qui n'est au vrai qu'une des formes particulières de la société, telle que je l'entends ; mais ici j'adopterai le mot avec le sens restreint que le public lui donne. Seulement je n'en séparerai jamais l'idée de consentement ; là où il n'y a pas de consentement, on ne peut pas parler de société, à mon avis.

Le gouvernement fut bien rudimentaire à son début, cela devait être. On se borna à donner à quelques hommes, en vue d'un petit nombre de cas, des pouvoirs qui n'étaient rien moins qu'irrésistibles ; mais peu importe.

Pourquoi les hommes ont-ils établi le gouvernement? D'abord pour qu'il dirigeât la tribu dans ses courses, dans ses expéditions ; ensuite pour qu'il fît observer au sein de la tribu ce qui était déjà reconnu juste, pour qu'il le formulât en loi.

Ce qu'était le gouvernement dans son idée première, il l'est demeuré.

L'embryon a pu devenir peu à peu un organisme compliqué, immense, pourvu d'appareils nombreux et de membres multipliés. L'idée qui l'explique et le justifie, sa destination, en un mot, n'a pas pu changer. Encore aujourd'hui, il est fait (en négligeant ses fonctions extérieures, qui ne nous regardent pas ici), non pour inventer, créer le juste, mais pour consacrer ce qui est déjà reconnu tel, le formuler, le sanctionner par des peines et le faire exécuter.

Si, après avoir examiné l'état primitif et l'état actuel, nous considérons l'intervalle entre les deux, nous verrons qu'à mesure que l'esprit humain s'est développé, à mesure qu'il a aperçu le juste sur des points nouveaux restés jusque-là douteux ou indifférents, à mesure aussi les lois se sont compliquées de prescriptions nouvelles ; les codes ont augmenté ;

les agents chargés de les faire observer ont crû en nombre; mais toujours, ou plutôt presque toujours la reconnaissance intime de la justice a précédé nécessairement la promulgation officielle. A voir les choses en général, sans tenir compte des exceptions inévitables, on peut dire : La découverte du juste précède la loi; la loi consacre des devoirs, des droits déjà reconnus, et elle ne vaut même qu'à proportion de sa conformité avec l'idée antérieure et supérieure du juste.

Quand je dis que les hommes ont pris en commun certains arrangements en vue de faire régner la justice; notez, s'il vous plaît, que j'énonce l'idéal. Je sais très-bien que ce n'est pas la réalité vraie. Ces établissements, qu'on appelle des gouvernements, n'ont pas été consentis régulièrement dans toutes leurs parties par la majorité des hommes qu'ils régissent, tant s'en faut; bien des choses ont été imposées par la force: raison de plus pour que les gouvernements ne se permettent pas d'outrepasser leurs fonctions légitimes et de déborder leur *idée*.

A présent, me voilà, moi; le hasard de la naissance m'a jeté au milieu d'une certaine société. Dès que je puis comprendre ce qui m'entoure, je vois qu'il existe un pouvoir chargé de m'imposer le respect des droits d'autrui, et à autrui le respect des miens. Je sens l'utilité, la nécessité de ce pouvoir; je l'accepte. Mais je ne vois pas du tout où ce pouvoir pourrait prendre le droit d'abolir des droits, de manipuler le juste, de décréter le bien et le mal.

Ce n'est pas toujours dans l'idée qui est sa raison d'être et sa justification; je viens de le prouver.

Ce n'est pas dans mon consentement non plus. Je n'ai pas renoncé à quelques-uns de mes droits (pourquoi pas à tous?) en entrant en société, comme on le dit assez sottement. Je ne suis pas entré en société; j'y ai été jeté, ce qui diffère du tout au tout. Je n'ai jamais renoncé à rien.

— Mais si c'est du consentement de tous vos concitoyens que le gouvernement vous ôte, comme dangereuses, les libertés que vous prétendez, qu'aurez-vous à dire? — Une chose bien simple, c'est qu'à eux tous ils n'ont pas plus qu'un homme seul le pouvoir de changer la qualité morale des actes; ils ne peuvent pas faire du juste l'injuste. Monsieur *Tout le monde* est sujet de la justice comme moi, comme vous; car vous, moi et d'autres, formons monsieur *Tout le monde*, et il serait ridicule que, en nous mettant en troupeau, nous pussions transgresser tranquillement ce que chacun de nous est tenu de respecter en particulier. Personne n'a le droit de me priver d'une liberté, sous prétexte que je pourrais peut-être lui faire tort en m'en servant. Ce que personne n'a droit de faire, *Tout le monde* ne l'a pas.

Par quelle raison un grand nombre d'hommes pourraient-ils faire à mon égard ce qu'un homme seul ne peut pas faire? Si l'on croit qu'il y a du droit dans le nombre, qu'on le dise; mais on ne le prouvera pas. Il n'y a que de la force. Cela suffit, il est vrai, pour que le nombre gouverne. Qu'attend-on en effet du gouvernement? Qu'il soit supérieur en force à quelque individu ou à quelque fraction que ce soit, et qu'il puisse réprimer tous les attentats. Puisque c'est de la force qu'on demande au gouvernement, rien de plus naturel que le gouvernement appartienne au nombre, qui a la force. Mais que le nombre ou le gouvernement issu du nombre ait quelque rapport avec le droit, c'est ce qu'on ne pourra jamais établir. Le droit est le droit devant cent millions d'hommes comme devant un seul.

Voyez à quel point cette théorie du droit social est vide et nulle. Il n'y a jamais eu de contrat social; mais, à supposer que chacun eût par un contrat cédé une partie de ses droits à la masse, pour que la cession fût valable, il faudrait au moins qu'il eût désigné expressément chacun des droits cédés; car s'il avait fait au gouvernement un abandon indéfini, en lui laissant le soin de déterminer à l'occasion et d'étendre cet abandon aussi loin qu'il le jugerait utile, ce serait un marché de dupe. Aucun tribunal jugeant d'après les maximes du droit ordinaire ne voudrait ratifier un contrat si léonin.

S'il ne faudrait pas moins qu'un contrat exprès et précis, et si même ce contrat ne vaudrait pas contre celui qui l'aurait consenti, on peut voir combien la concession qu'on prétend que j'ai faite à la société, par cela seul que je reste dans son sein, y étant né, combien, dis-je, cette concession prétendue est peu fondée. Si l'on raisonnait de la sorte en droit ordinaire, nous verrions de belles décisions.

M'objectera-t-on l'intérêt de la société? Mais d'abord il n'y a pas d'intérêt contre le droit. Aucun intérêt, quel qu'il soit, ne peut prévaloir contre le plus mince des droits; et puis, peut-il y avoir quelque intérêt supérieur à l'intérêt, que nous avons tous, que tous les droits soient respectés?

Non ! jamais vous ne ferez sortir d'un texte, d'un fait, ni d'un raisonnement quelconque, le droit de prévenir l'abus possible d'une de mes libertés, autrement dit, *de me punir étant encore innocent*, de me faire expier la crainte publique, le soupçon répandu dans l'air.

Les gouvernements s'accommoderaient bien que la société fût au-dessus du juste, qu'elle n'eût pas de devoirs à l'égard des particuliers. C'est si facile de dire qu'on représente la société ! Est-ce qu'ils ne l'ont pas toujours prétendu ? Est-ce que dans leurs plus grands excès ils n'ont pas toujours soutenu qu'ils agissaient suivant le consentement général exprès ou présumé ? C'est le métier de tout gouvernement de présenter son intérêt particulier comme identique à celui de tous. C'est toujours au nom de la société que, depuis le commencement du monde, les gouvernements ont commis des milliers d'attentats contre la société ; et quelquefois, c'était vrai, la société était de leur côté ; elle consentait à leurs actes anti-sociaux.

Aujourd'hui même, il n'est pas du tout invraisemblable de dire que la société consent réellement à ce qu'on m'ôte mes libertés. Cela n'en est pas moins *antisocial*.

Quoi donc ! Mais la société n'existe que pour que

chacun puisse exercer tous ses droits avec sécurité; elle ne se justifie que par cette destination; et vous venez me dire qu'elle exige le sacrifice de quelques-uns de mes droits! Alors, à quoi bon la société? On me répond qu'elle me garantit les autres. J'entends bien ce que vous voulez dire: Le gouvernement protége en certains cas ma vie, mes membres, ma maison, mon champ, ma bourse, qui sont des propriétés. Mais les facultés de parler, de publier, d'échanger des idées avec mes semblables, de communiquer avec eux, sont aussi des propriétés — non tangibles, non visibles, c'est vrai; mais qu'importe qu'elles tombent ou non sous les sens! — Je vous demande un peu quelle société contradictoire c'est que la vôtre! Vous empêchez qu'on ne prenne mon champ ou ma bourse, et vous me prenez vous-même ma liberté de penser, de communiquer avec mes voisins. Vous me protégez d'un côté et vous me volez de l'autre, commo un filou qui, dans la foule, empêcherait qu'on ne me marchât sur les pieds et déroberait ma montre! Vous parlez de sûreté? Comment ne voyez-vous pas qu'elle est aussi parfaitement détruite quand vous m'enlevez ma liberté que si vous m'enleviez ma bourse, et c'est vous, chargé d'assurer la sécurité, qui la détruisez!

Nous n'avons pas encore compris que la société c'est le concert des consentements individuels, rien autre chose ; qu'un individu ne peut pas consentir l'oppression de son voisin, ni celui-ci même sa propre oppression ; que ces faits de tyrannie, d'abus de la force ou du nombre, qu'on nous donne pour des effets naturels de l'état de société, caractérisent précisément son contraire, l'état de sauvagerie ou de nature, qui n'a jamais existé purement, ni cessé tout à fait à un moment précis, mais qui a toujours régné pêle-mêle avec l'état de société, et règne encore, quoique avec moins d'étendue et sur des points plus rares chaque jour.

III

Qui défend aujourd'hui le despotisme? Presque personne. Qui défend le droit de la société? Tout le monde. Le despotisme et le droit de la société sont pourtant la même chose (1); le droit social n'est qu'un nom moins compromis que l'autre.

Cette antique et monstrueuse erreur a encore différents noms : à Rome, elle s'est appelée salut

(1) Par une bonne raison : c'est que la société n'agit jamais que par son gouvernement.

public ; sous la monarchie française, raison d'État ; sous la Révolution, salut public encore ; dans les États modernes, intérêt public ; que sais-je? Sous quelque nom que ce soit, c'est toujours le despotisme, toujours le pouvoir absolu du gouvernement.

Quand le gouvernement est absolu, il importe bien moins qu'on ne croit que ce soit celui d'un seul ou celui d'une assemblée. Il importe encore bien peu que le consentement universel approuve réellement la tyrannie du gouvernement, ou que le gouvernement se vante faussement de cette approbation (l'un ou l'autre arrive toujours). Que me fait à moi, victime, d'être frappé par un roi ou une assemblée, d'être frappé avec ou sans l'approbation du public?

Il n'y a réellement que deux opinions importantes en politique. Il y a ceux qui croient au droit individuel, au devoir du gouvernement, quel qu'il soit, fût ce celui du peuple en personne, d'observer la justice ; et ceux qui croient le gouvernement d'un seul ou de tous au-dessus de la justice. Pour moi, je mets ensemble tous les fauteurs d'absolutisme, sans me préoccuper beaucoup de savoir si leur despote est un homme ou un peuple.

On connaît l'arbre à ses fruits. Ceux de la doctrine du droit social, du salut public, ou de la raison d'État, ou de l'intérêt public, sont effroyables. A elle appartiennent les grandes boucheries de l'histoire, à elle les persécutions religieuses, les croisades, les dragonnades, toujours exécutées contre le droit individuel et pour sauver la société. A elle la stupide réglementation de l'industrie, qui a duré jusqu'en 1789 et qui prétendait protéger le public contre les fraudes individuelles. A elle la terreur, le tribunal révolutionnaire et la loi des suspects. Si je voulais énumérer ses crimes, je n'en finirais pas.

Depuis que les peuples ont cessé de se faire des guerres d'exterminations, depuis que les nations civilisées ne sont plus exposées à une invasion de barbares, la société n'a jamais été sérieusement menacée que par ses défenseurs.

Certes, s'il y a quelque chose d'avéré, s'il y a quelque chose qui ressorte clairement dans l'histoire, c'est bien cela.

Loin que les pouvoirs sauveurs aient rien sauvé, ils ont fait courir à la société les seuls périls véritables auxquels l'être collectif puisse être exposé; ils leur ont imposé la seule mort qui le puisse atteindre : la subversion des rapports équitables.

Je ne vois dans l'histoire que gouvernements qui font peur à leurs sujets et à leurs administrés de prétendus ennemis de la société. Ces ennemis s'appellent ici les chrétiens, là les ariens, là les gnostiques, là les anabaptistes, là les albigeois, là les protestants, là les jansénistes, là les émigrés, là les fédéralistes, là les révolutionnaires; et toujours, au dire des gouvernements, ces pervers ennemis de la société menacent de tout ruiner, tout piller, de violenter, massacrer les gens; et puis, à la fin, il se trouve qu'il n'y a de pillés, de violentés, de massacrés légalement que ces hommes qui devaient le faire aux autres. Voilà la leçon de l'histoire.

Les ennemis prétendus de la société ont été toujours et partout ses trop véritables victimes.

Les défenseurs actuels du droit de la société diront qu'ils ne sont pas des terroristes, qu'ils n'ont rien de commun avec eux. Je leur en demande bien pardon; ils sont de la famille, comme les terroristes sont eux-mêmes de la famille des Charles IX, des Louis XIV et de tous les tyrans.

La loi des suspects, le tribunal révolutionnaire et les lois actuelles sur les libertés individuelles sont des effets d'une même cause; seulement les premiers sont des conséquences extrêmes tirées par des esprits violents dans un temps bouleversé, et les autres des conséquences encore tolérables, tirées par des esprits rassis, pour un temps calme. Votre cautionnement, mais c'est la loi des suspects proportionnée à la tranquillité de l'atmosphère politique ! Que cette atmosphère soit envahie de nouveau par la tempête, on reverra tout ce qu'on a vu jadis ; on m'ôtera sans jugement, ou avec une apparence de jugement, les biens et la vie, pour prévenir les abus que j'en pourrais faire contre la société, comme aujourd'hui on m'ôte ma liberté. Le principe est là ; les conjonctures seules manquent ; mais venant à arriver, il ne manquerait pas d'hommes pour appliquer le principe, grâce à la solide éducation révolutionnaire que nos gouvernements nous donnent, tant en préceptes qu'en exemples.

Et au contraire, les trois quarts des progrès, si l'on y regarde, ou ont consisté à chasser l'intérêt public de quelque point qu'il occupait et à installer à sa place le droit individuel, ou sont venus à la suite de ce changement. Il est sûrement impossible de résumer l'histoire universelle dans une formule unique ; cependant en voici une qui, à mon sens, contient un livre à faire, un livre qui serait peut-être la meilleure philosophie de l'histoire : *Peu à peu l'idée de l'intérêt public se retire et cède le terrain à l'idée du droit individuel.*

IV

La thèse du droit social n'est pas seulement une erreur infiniment dangereuse, c'est en somme une niaiserie.

Comment, parce que vous avez pu considérer les hommes dans leur collectivité abstractivement, vous croyez avoir créé un être nouveau, vous croyez que cette vue tout intellectuelle a donné naissance à quelque chose qui existe positivement, à part des individus, au-dessus d'eux, contre eux; qui a des droits à elle, différents de ceux de chaque particulier, contraires même en beaucoup de points! Est-il possible d'être plus profondément dupe de sa faculté d'abstraction! Voyez l'absurdité à laquelle cela vous mène : vous en arrivez à me causer un préjudice en me disant c'est l'intérêt de la société; puis, passant à un autre citoyen, autant vous lui en faites, autant vous lui en dites; puis à un autre, et ainsi de suite à tous, sans exception. A la fin tout le monde réel a été sacrifié à tout le monde imaginairement conçu ; le sacrifice de chacun est positif, mais on cherche en vain l'être à qui ces sacrifices ont profité — si ce n'est au gouvernement.

En revanche, remarquez s'il vous plaît qu'un droit est, par essence, commun à tous, universel ; il serait contraire à sa définition qu'il fût individuel, le droit étant en chaque homme la faculté de faire ce que *tous* les hommes peuvent faire également. Quand j'oppose mon droit à une mesure dite d'intérêt public, c'est en somme le droit de tout le monde que j'oppose du même coup ; et si je triomphe dans ma revendication, c'est le droit de tous qu'en somme j'ai défendu et conservé.

En résumé il n'y a que des individus, ou, pour parler plus précisément, il n'y a que des droits individuels, des droits *égaux*. Vous pouvez bien considérer la collectivité comme une personne morale, si cela vous fait plaisir ; mais il ne faut pas lui attribuer des droits autres et plus grands que ceux de l'individu.

Égalité de la société ou du gouvernement et de moi, voilà le principe. Nous en tirerons les conséquences en temps et lieu.

CHAPITRE III

I

Après cette digression trop longue, mais encore plus nécessaire, il faut achever l'examen de votre loi sur la presse.

Votre timbre, votre cautionnement, ne sont qu'une censure déguisée, une censure qui a honte! Ils procèdent des mêmes craintes, ils tendent à même fin : réduire autant que possible le nombre des journaux, énerver ceux qui survivent. Comme la censure, ils se justifient en apparence par le principe de la *prévention*. Enfin, jugés d'après les principes véritables, ils méritent la même condamnation que la censure.

Que ce système ne mette pas aussi absolument ma liberté, mon droit dans la main du gouvernement, c'est possible; qu'en fait il soit moins abusif, je l'accorderai. Mais, juridiquement, c'est la même chose que la censure, c'est aussi injuste. Vous n'avez pas le droit de me dire : Tu n'écriras que ce qui nous plaira. Vous n'avez pas davantage celui de me dire : Tu n'écriras que sous certaines conditions; tu n'écriras pas si tu es pauvre.

Jugés d'après le principe de la prévention, le timbre, le cautionnement, ne valent pas la censure; elle approchait le but de plus près.

Et la censure elle-même ne valait rien. Il n'y a que la prohibition absolue qui soit raisonnable, pour qui veut être conséquent.

S'il est bon de réduire la presse, en vue de prévenir une partie de ses abus, il est excellent de la détruire, ce qui coupe court à tous les abus.

Dès qu'on touche tant soit peu à la presse, il faut aller jusqu'à la suppression ; on ne peut pas donner pour la restreindre une seule raison qui n'oblige à l'abolir complétement.

Que dirait-on d'un homme qui, partant en campagne pour détruire les serpents, par la raison que les serpents sont dangereux, et ayant en main de quoi les détruire tous, n'en tuerait cependant que quelques-uns, et des plus petits? Cet homme-là serait ridicule! On lui dirait : Ce n'était pas la peine de sortir de chez vous.

II

Je remarque après cela dans votre loi une disposition qui révèle, comme le cautionnement, une singulière ignorance des vrais principes. L'administration peut, comme il lui plaît, accorder à un journal la permission de se vendre sur la voie publique et la refuser à un autre journal, ou la lui retirer après l'avoir donnée. Elle peut accorder à un livre un permis de circulation et le refuser à un autre.

Refuser à l'un ce que l'on accorde à l'autre, c'est une peine, *puisque cela rompt l'égalité;* il est de principe cependant que le pouvoir judiciaire seul a compétence pour infliger une inégalité désavantageuse, pour prononcer une peine.

Notez s'il vous plaît que la peine ici peut avoir des conséquences graves pour l'auteur du livre : elle peut être une amende indirecte de plusieurs milliers de francs. Pour un journal, c'est souvent la peine de mort.

Cette aberration juridique ne s'explique que par une supposition. L'administration croit sans doute que la voie publique, que les grandes routes et les chemins lui appartiennent; et sur cette idée elle se dit qu'elle a droit d'en permettre ou d'en retirer l'usage à qui bon lui semble.

Il faut détromper l'administration. La voie publique nous appartient à tous; j'y ai ma part indivise comme tous les autres Français. Ce n'est pas, je pense, l'administration qui entretient les routes à ses frais, ou elle nous aurait bien caché jusqu'ici ses munificences. Nos administrateurs et gouverneurs y contribuent en qualité de simples particuliers comme moi; ils n'y ont pas d'autre droit que moi.

Cela étant, les juges seuls peuvent me priver de l'usage des voies publiques, comme ils peuvent me priver de l'air des champs.

Si l'administration est fondée à empêcher un colis qui m'appartient, malle de linge ou malle de livres, peu importe, de circuler, pourquoi n'interdirait-elle pas la circulation à ma propre personne? « Mais les mauvais livres, mais les mauvais journaux! » Déférez-les aux juges, qu'ils les suppriment ou qu'ils en empêchent la vente sur la voie publique, ce sera au moins conforme aux principes élémentaires de notre société.

Comment donc! les tribunaux ne peuvent me condamner à une amende de cent sous qu'en observant certaines formes protectrices, qu'après m'avoir entendu, qu'en motivant leur jugement, en le prononçant devant le public, juge des juges; et un monsieur quelconque dont je ne verrai jamais le visage, un personnage vague me lancera du fond d'un réduit de ministère une amende considérable, sans justifier sa décision, sans la soutenir ni en répondre devant qui que ce soit! Franchement c'est un peu fort; cela prouve que nous avons, en fait de justice, la cervelle bien jeune ou bien brouillée.

Quand j'aurai fini ce livre-ci, par exemple, que je l'aurai fait imprimer, je serai obligé de le soumettre à qui? à une personne responsable? non, à un bureau, à une espèce de compagnie anonyme, afin d'obtenir la permission de vendre mon livre dans les gares et sur les chemins que je paye pour ma part, et l'on pourra me refuser cette permission en me disant pour toute raison qu'on trouve mon livre immoral ou dangereux!

Remarquez s'il vous plaît ce que je viens d'écrire, non contre ce monsieur que je ne connais pas, mais contre sa fonction. Qu'est-ce que je demande en somme? Qu'on lui supprime ses appointements. Ce monsieur trouvera mon livre dangereux, c'est bien à parier, et il me punira en me refusant l'estampille. Je m'y attends quelque peu, soit dit sans vouloir lui faire injure ; mais il est homme, je suppose, partant sensible à ses intérêts, même quand il croit obéir à un zèle pur pour la tranquillité publique. Il est même plus homme qu'un autre, au moment qu'il juge mon livre, j'entends plus faillible, car il est à peu près irresponsable, mauvaise condition pour la nature humaine. Enfin ! il ne faut pas être trop pessimiste, ne jurons de rien, ni pour personne.

Mais je puis jurer pour moi, et je jure que si je suis frappé, je protesterai de toutes mes forces, non contre ce monsieur qui n'en peut mais, mais contre qui il appartient. J'espère que jamais le droit ne sera blessé en ma personne sans que je fasse entendre en fait de réclamation ce qui sera possible humainement. Le droit, ce droit mal à propos appelé privé, et qui est en réalité le patrimoine commun de tous, j'espère qu'il ne dépérira pas en mes mains, si ce n'est par force majeure et sans ma faute.

III

Je ne relèverai pas dans votre loi les amendes énormes par lesquelles vous prétendez me faire peur;

je ne vous dirai pas qu'elles ont l'inconvénient de trahir une excessive frayeur de la presse. Je ne vous dirai pas davantage qu'il y a entre les faits délictueux et les peines dont on les frappe des proportions qu'il faut garder. Je n'insisterai pas davantage sur la faculté réservée aux tribunaux d'attribuer à qui leur plaît la publication des actes judiciaires; on vous a assez dit et assez démontré qu'il serait de bon sens de laisser aux particuliers que ces actes intéressent le soin de choisir les organes de publicité. Je viens à une question bien plus importante, celle du juge à qui vous me déférez.

IV

La juridiction normale et de droit commun, c'est incontestablement celle des citoyens, des égaux (autrefois on disait les pairs); c'est le jury.

Nous avons dérogé au droit commun, en certains cas. Un procès entre citoyens, par exemple, est jugé par des juges que le gouvernement choisit; cela ne présente pas des inconvénients bien apparents, parce que le gouvernement a rarement une raison de préférer un citoyen à un autre. Mais quand il s'agit d'un débat entre le gouvernement et un citoyen, comme il arrive presque toujours dans les affaires de presse, les motifs les plus forts commandent le retour aux principes.

J'écris contre le gouvernement un article injurieux, je suppose; que va-t-il se passer? Un ministre, ou quelque agent de l'administration moins éminent, en écrit au procureur impérial administrativement, ou encore le procureur impérial me cite spontanément à comparaître. J'apprends que j'ai excité à la haine et au mépris du gouvernement, ou offensé la morale publique, ou insulté un culte établi, ou diffamé quelque classe de citoyens. Régulièrement je devrais trouver devant moi un membre du gouvernement ou un citoyen portant plainte et me disant : « Vous m'avez fait du tort, vous m'avez causé tel dommage, réparez-le ! » Mais non, personne ne se présente contre moi. Je ne vois personne, aucun individu qui puisse dire positivement : J'ai reçu un dommage ; en sorte que j'aurai bien souvent lieu de douter qu'aucun dommage ait été causé.

Mais je me trompe, il y a une partie adverse : c'est le procureur impérial. Est-ce à lui que j'ai fait tort? Non ce n'est pas à lui, mais à la société qu'il représente, dit-on; je ne veux pas discuter pour le moment jusqu'à quel point cette fiction de la société se plaignant par la bouche du procureur impérial est utile ou nuisible, est fondée ou pas fondée.

Dans notre cas particulier, je ferai observer que ce n'est pas la société que le procureur impérial représente réellement, c'est le gouvernement, ma partie adverse.

Il devrait être avec moi sur le pied d'égalité. L'est-il? comparaît-il devant les juges comme une simple partie? Non, le procureur impérial est un magistrat; il est l'égal de mes juges, ce que je ne suis pas moi; de plus leur collègue, leur ami, quelquefois leur oracle; il a avec eux des rapports quotidiens, une communauté d'habitudes, d'études, de manière de voir, le même esprit de corps. Cela lui permet d'approprier son langage merveilleusement et de régler sa conduite avec habileté.

La nature humaine ne serait plus la nature humaine si des magistrats, ayant à décider entre un citoyen et un magistrat, ne penchaient pas, même sans y prendre garde, à croire que le magistrat a plutôt raison que l'autre.

Et mes juges, que sont-ils? Des fonctionnaires nommés par ma partie adverse; indépendants, dit-on, parce qu'ils sont inamovibles. Inamovibles, à la bonne heure! mais non pas pour passer d'un tribunal à un autre, en montant, en avançant. Et c'est ma partie adverse qui les avance.

Je ne m'occupe pas de la magistrature actuelle, je ne veux pas savoir ce qu'elle est, j'accorde qu'elle a toutes les vertus qu'on voudra; je ne parle que des magistrats de demain et d'après-demain, ou encore de ceux du passé.

Je sais par l'histoire que sous la Restauration, par exemple, les magistrats ne furent pas toujours des arbitres bien équitables dans les procès des journalistes avec le gouvernement. Si j'avais ici le temps et la place, je pourrais résumer des affaires qui mettraient leur dépendance (inconsciente peut-être) dans un jour bien évident. Cela n'est pas fait pour me rassurer. Qui me garantit que les magistrats ne retomberont pas, par l'effet des mêmes causes, dans les mêmes faiblesses, demain ou après-demain? car pour aujourd'hui, je le répète, j'accorde qu'il n'y a rien à craindre.

Si je n'avais à redouter encore que l'intérêt des juges, leur désir bien naturel d'avancer, cela ne serait peut-être pas si menaçant; mais j'ai à craindre des idées, des préjugés, des sentiments professionnels, d'autant plus dangereux qu'ils altéreront la rectitude de mes juges à leur insu. Les magistrats ne sont-ils pas disposés par métier à confondre le pouvoir qui assure l'ordre avec l'ordre même? et l'ordre extérieur, formel, avec l'équité? Ne sont-ils pas disposés à traiter toute opposition au gouvernement comme une rébellion aux lois? Cette tournure d'esprit n'est pas douteuse, elle n'est pas non plus rassurante. Je ne me trouve pas suffisamment garanti.

Il y a d'autres raisons aussi fortes et plus fortes contre la compétence des magistrats en matière de presse, je les donnerai en temps et lieu; j'ajouterai seulement ici une observation.

Nous autres Français nous avons eu durant des siècles pour tout principe politique l'idée que le gouvernement avait sur ses sujets une autorité naturelle, comme le père sur ses enfants; et au fond nous en sommes encore là.

Si quelqu'un demande des garanties, veut qu'on prenne des précautions contre les abus de nos gouvernants, administrateurs, et juges (juges surtout), une foule de gens, très honnêtes d'ailleurs, en sont tout scandalisés. Comment pouvez-vous avoir le cœur, s'écrient-ils, de soupçonner ces honorables et habiles administrateurs, ces magistrats intègres, etc.? Votre défiance est une insulte.

Honnêtes gens, bonnes gens! qui ne voient pas où leur système nous mènerait. A prendre les choses par ce biais, une constitution qui pose des limites au gouvernement serait une insulte aux gouvernements; une loi serait une insulte aux juges, car toute loi est faite pour prévenir l'arbitraire du magistrat, c'est une précaution prise contre lui; demander quittance à un homme en le payant serait une insulte, car n'est-ce pas lui insinuer qu'il peut réclamer deux fois son argent? Etc., etc. Ce qu'il y a de bon, c'est que les mêmes honnêtes gens se piquent souvent de clairvoyance et de juger l'humanité ce qu'elle vaut.

Il faut dire, il est vrai, qu'en France nous avons positivement deux humanités : il y a l'humanité administrative et l'humanité administrée. Je ne veux pas faire un paradoxe; rien n'est plus sérieux; en voulez-vous la preuve?

Dites : « Il serait désirable que la liberté de la presse fût illimitée. » Aussitôt on vous répond de toutes parts : « Utopie, rêve d'esprits naïfs qui ne connaissent pas l'humanité, qui la supposent parfaite : l'humanité ne vaut pas grand'chose, elle abuserait trop de la liberté. » Mais dites : « Il serait désirable de prendre ses mesures contre les abus de pouvoir des personnes qui ont du pouvoir, » et de toutes parts aussi on vous répond : « Cessez de calomnier d'honnêtes gens en supposant qu'ils seraient capables d'abuser. Oh ! vous les connaissez bien mal ces hommes austères, indépendants, modestes, désintéressés ! » Etc.

Évidemment, ces hommes qui abusent toujours de la liberté et ces autres hommes qui n'abusent jamais du pouvoir (chose pourtant qui a été considérée de tout temps comme fort disposante à l'abus) n'appartiennent pas évidemment à la même humanité ; ce n'est plus la même argile.

V

Avec une loi qui contient les dispositions que nous avons vues, la liberté de la presse existe-t-elle à prendre ce mot comme on l'entend communément en Angleterre, en Amérique et dans tous les pays qui savent ce que c'est que la liberté ? Évidemment non. Personne d'ailleurs ici n'affirme sérieusement que la liberté existe.

La preuve, c'est l'axiome qui a cours dans les régions officielles : « La France ne veut pas que la presse soit libre. » Si la presse était libre, oserait-on dire que la France ne veut pas qu'elle le soit, ce qui serait avouer qu'on n'a point égard à la volonté de la France?

Je sais bien qu'on a entendu parfois des personnes officielles s'écrier : Mais vous êtes libres! Ce n'était là qu'une contradiction apparente; elles oubliaient simplement d'ajouter : libres comme la France veut que vous le soyez.

Me voici donc encore une fois en face de la volonté générale, voici encore qu'on m'oppose l'arrêt du grand nombre.

« La France ne veut pas de la liberté de la presse; » d'autres répondent, il est vrai : Vous vous trompez, la France veut la liberté de la presse. — Quelle France? répliquent les premiers. — La France intelligente. — Qu'appelez-vous la France intelligente? — Celle qui lit, écrit, invente, professe, exerce les arts libéraux; la France qui comprend les choses politiques. — Vous n'y êtes pas, la France intelligente ce sont les paysans qui ne savent ni lire ni écrire, qui ne savent rien, et jugent de tout avec bon sens. — J'aurais cru que pour porter un jugement de bon sens sur une chose il fallait la connaître. — Allons donc! d'où sortez-vous? Le paysan a le don de deviner le vrai, le juste, le praticable ; précieuse faculté ! attachée à l'ignorance, et qu'on perd avec justice dès qu'on conçoit la coupable idée de s'instruire. Le paysan ne veut pas la liberté de la presse, il l'abhorre; il veut que le gouvernement tienne en pénitence cette France qui écrit, lit, raisonne, invente, sait, et manque de bon sens; le paysan a raison. Le paysan est le sel de la terre. Si l'on pardonne à l'humanité, si remplie d'instincts pervers, c'est le paysan qui lui vaut cela. »

Pour moi, je ne méprise pas du tout le paysan, non plus que le bourgeois, non plus que l'ouvrier : chaque classe a ses vertus et ses défauts; mais je méprise un peu, je l'avoue, ceux qui flagornent une classe quelconque.

En 48, on canonisait l'ouvrier; à présent, c'est le paysan, et l'ouvrier ne vaut pas cher. Notez que bon nombre de ces admirateurs du paysan sont d'anciens admirateurs de l'ouvrier devenus infidèles ; cela devait être. Oubliant ce qu'ils furent, ou peut-être au contraire se le rappelant très-bien, ils disent de 48 : « En ce temps-là on flattait les masses. »

Ces réflexions faites en passant, j'en viens à la réponse. Sans m'occuper si le paysan qui ne sait pas lire déteste ou non réellement la liberté de la presse, je réponds :

La volonté du paysan, de la France numérique, n'est ici d'aucune considération, d'aucun poids. Nous sommes sur les terres du juste. L'idée du nombre n'a pas d'autorité ici, elle n'y a pas mêm son entrée.

Pour mettre ce point hors de doute, il faut qu'après avoir montré ce qui n'appartient pas au nombre, je montre ce qui lui appartient; on en verra mieux dans quelles limites précises s'exerce l'influence légitime du nombre; on verra aussi du même coup que la France numérique, obligée à respecter ma liberté par les principes du droit naturel, est en outre liée à mon égard par une sorte de promesse tacite. Cette promesse, cet engagement est nécessairement contenu, je vais le prouver, dans notre constitution politique. Il résulte du fait même que nous avons un gouvernement fondé sur la souveraineté du peuple.

CHAPITRE IV.

I

Qu'est-ce que le gouvernement? C'est le résultat d'un contrat complexe qu'il nous faut examiner.

Un certain pouvoir est délégué par la majorité du peuple à quelques hommes, afin qu'ils gèrent les affaires communes. Le gouvernement vu de ce côté est donc un *mandat;* raisonnablement il ne peut pas être autre chose. Il est aujourd'hui peu de personnes qui ne concèdent ce principe, mais il en est peu, ce semble, qui en aperçoivent les conséquences ou qui les acceptent toutes. Les conditions sous lesquelles les mandataires doivent agir, c'est-à-dire les formes du gouvernement, peuvent varier; mais, en fait, tous les peuples modernes qui ont un véritable gouvernement ont adopté, parmi des différences secondaires, un certain nombre de dispositions communes indiquées par le bon sens. Ils ont séparé, distingué, dans le gouvernement, avec plus ou moins de précision et de netteté, suivant leur degré d'intelligence politique, trois pouvoirs : le *législatif*, l'*exécutif*, le *judiciaire;* et ils ont fait de chacun l'objet d'un mandat particulier.

II

Le *législatif* a charge de faire *les lois*, c'est-à-dire qu'au fond il a seul le droit d'*innover;* c'est le pouvoir supérieur.

L'*exécutif* ne fait qu'accomplir les lois; il lui est permis de régler par des ordonnances, aussi conformes que possible aux principes, à l'esprit de la loi, les détails que le législateur n'a pas pu ou n'a pas voulu prévoir, de crainte de charger de trop de dispositions l'expression de sa volonté. L'exécutif, en outre, fait exécuter les anciennes lois, il maintient leur empire, en un mot il administre. *Administrer*, c'est faire tous les actes nécessaires pour conserver ce qui est. Quand on a bien présente à l'esprit cette idée simple, rien n'est plus facile que de distinguer la limite où finit le pouvoir exécutif.

La logique, la prudence, refusent au pouvoir exécutif tout droit d'innovation. Dans beaucoup de pays il décide encore la guerre, la paix, les traités d'alliance; mais c'est une erreur énorme qu'après avoir créé le législatif, l'avoir établi comme le cerveau de la nation pour former des décisions, des résolutions, on aille ensuite partager cette fonction entre lui et le pouvoir exécutif. C'est d'autant plus absurde que l'exécutif et le législatif sont toujours opposés par situation. C'est mettre deux têtes sous le même bonnet, risquer de gaieté de cœur la guerre des deux volontés; c'est défaire d'une main ce que l'on a fait de l'autre, rompre l'équilibre qu'on a cherché. Quoi! on a distingué, séparé les pouvoirs, pour ne pas mettre tout dans la même main; et voilà qu'on attribue une partie de l'initiative à qui a déjà toute la force, alors qu'il était si évidemment sage de réserver au moins toute la pensée à qui n'a que cette force!

Il y a une troisième raison très-forte contre cette confusion, là où le pouvoir exécutif est héréditaire; nous en reparlerons tout à l'heure.

On peut bien, par exemple, diviser le cerveau de la nation, le pouvoir législatif, en deux lobes, c'est-à-dire former deux chambres; cela même est peut-être un trait de prudence. Le véto donné à une chambre sur les résolutions de l'autre empêchera souvent des mesures inconsidérées; mais en tout cas il faut éviter l'insigne erreur de faire nommer une des chambres par la nation et l'autre par le pouvoir exécutif, ou de la rendre héréditaire; c'est perdre le sens des principes qui président à la formation du gouvernement, et, en fait, cela a souvent pour résultat d'introduire dans le même cerveau deux esprits ennemis, deux âmes contradictoires.

III

Un peuple peut-il donner un mandat à vie? Peut-il donner mandat à un homme pour qu'après lui sa postérité l'exerce jusqu'à la fin du monde? La nature du mandat y répugne, mais plus encore le mandat législatif que l'exécutif; on peut dire que là où le législateur est à vie ou héréditaire, le gouvernement n'existe plus. Quant à l'exécutif, il n'est pas si nécessaire qu'il soit établi dans toute la rigueur des principes.

Électif en Amérique, le pouvoir est héréditaire en Angleterre, en France et ailleurs. Lorsque le mandat a cette étendue illimitée, il est plus que jamais nécessaire qu'il soit au moins restreint à l'administration.

Le mandat est un contrat connu dans tous les pays. Depuis longtemps la raison a trouvé les règles élémentaires qui doivent régir les rapports du mandant et du mandataire. Sans interroger le droit des autres nations, j'ouvre notre code, j'y vois :

Art. 1987. Le mandat est ou spécial et pour une affaire ou certaines affaires seulement, ou général et pour toutes les affaires du mandant.

Art. 1988. Le mandat conçu en termes généraux n'embrasse que les actes d'administration.

J'y vois encore que lorsqu'un homme se présente comme mandataire d'un autre pour faire un acte qui change la situation de celui-ci, par exemple pour une vente, un procès, etc., les tribunaux exigent une procuration spéciale.

L'esprit qui a dicté ces dispositions est un esprit de raison, de sagesse ; il est certain qu'un mandat donné en termes généraux ne doit raisonnablement comprendre que les actes rentrant dans le train ordinaire des affaires du mandant, et que celui-ci a pu prévoir ; que pour une affaire nouvelle, imprévue, on doit exiger un mandat spécial uniquement valable pour cette affaire, et enfin que plus le mandat a de durée, moins il doit avoir d'étendue.

Il est contraire, comme on voit, à la raison universelle consignée dans les codes, que le mandat d'exercer le pouvoir exécutif, quand il est donné à un homme pour lui et pour toute sa race, contienne à un degré quelconque le pouvoir d'innover, de changer la condition des mandataires.

IV

C'est par une transaction appelée le *régime parlementaire* que l'hérédité de l'exécutif se concilie autant que c'est possible avec le droit de la nation à se choisir des mandataires et à leur imposer ses volontés.

Il y a des gens qui s'étonnent de cette maxime : *Le roi règne et ne gouverne pas*. Cela n'est cependant que la conséquence forcée du dogme de la souveraineté populaire. Le peuple a droit de ne supporter que des mandataires de son choix; et puis voilà régnant sur ce peuple un roi qui est roi comme fils de son père ! Il n'y a qu'une chose qui puisse empêcher que ce ne soit une contradiction énorme, c'est que le roi ne fasse rien, qu'il ne soit rien. Si la raison simple et irréfutable de cette maxime n'est généralement pas sentie en France, cela s'explique par l'extrême ignorance des vérités élémentaires de la politique.

Je comprends un souverain comme l'empereur de Russie; il veut être absolu, il veut gouverner à sa guise, parce qu'à ses yeux les sujets n'ont aucun droit. Mais ce qui ne se comprend pas, c'est un souverain comme Louis-Philippe, qui n'est roi que par la volonté du peuple, qui le reconnaît, et qui veut avoir une politique personnelle.

Dans le régime parlementaire, les députés portent en eux la volonté du peuple, et ils forcent l'exécutif à administrer suivant cette volonté, par le moyen des ministres, qu'ils soutiennent ou renversent. Cela est forcé, je le répète. Là où le régime parlementaire, où la responsabilité des ministres n'existe pas, comme chez nous, il me paraît obligatoire que le mandataire à vie ou héréditaire fasse de temps à autre ratifier ses pouvoirs. Faut-il prouver cette obligation? Cela ne sera pas difficile.

Me voici, moi, par exemple. Quand l'empire a été voté, j'avais dix-huit ans ; naturellement je ne fus pas consulté, non plus que les autres Français de ma génération. Si les générations sont égales, comme c'est certain, celle qui jouissait de ses facultés civiques en 1852 n'a pas pu avoir le droit de donner mandat que ma génération ne l'ait aussi. Il serait curieux que le peuple de cette époque eût lié le peuple d'aujourd'hui et les peuples sans nombre qui se succéderont en France jusqu'à la fin des temps! Je n'insiste pas, ce serait enfoncer une porte ouverte. Personne que je sache ne soutient cette absurdité. Voyez le ridicule si on l'admettait : il se trouverait qu'une nation qui sans cesse se renouvelle (notez ce point) s'obligerait par des vœux perpétuels, alors qu'un particulier, toujours identique, n'est pas tenu, dans le même cas. Régulièrement le gouvernement devrait, chaque année, faire voter sur son mandat les jeunes hommes qui arrivent à la vie politique; et si par aventure au bout de quelque temps le chiffre des opposants venait à égaler celui des anciens mandants, il devrait consulter de nouveau toute la nation assemblée dans ses comices.

Mettons que ce soit là l'idéal; accordons que ces consultations du peuple n'aient lieu qu'à des intervalles assez éloignés; encore faut-il qu'elles aient lieu : cela me semble indispensable.

Ceux qui diraient qu'à chaque fois qu'une

chambre nouvelle se réunit et marche de concert avec le chef du pouvoir exécutif, les pouvoirs de ce chef sont par cela même ratifiés, ceux-là ne feraient pas une objection bien sérieuse. Qu'arriverait-il en. effet si une chambre ne s'accordait pas avec le pouvoir exécutif? Est-ce que celui-ci se démettrait tranquillement? Non : l'État serait probablement troublé par une lutte intestine. Comme le public prévoit ce qui arriverait, et qu'il craint les révolutions, son vote est influencé par la nécessité d'envoyer une chambre qui s'accorde avec le pouvoir; ce vote n'est pas libre. Si cette réponse ne satisfait pas, je m'efface volontiers, et je mets mes contradicteurs en face des empereurs Napoléon III et Napoléon Ier.

Voici ce qu'on lit dans les *Œuvres de Napoléon III* (t. II, édit. Plon) : « Le premier avantage du projet du pacte suisse est la loi fondamentale qui fixe à douze ans l'époque de la révision du pacte fédéral. Voici, en effet, la souveraineté nationale garantie. *Sans de semblables lois, la souveraineté nationale* n'est qu'un *vain mot* que les gouvernants emploient pour tromper les crédules, que les *gouvernés timides* répètent pour apaiser leur conscience, qui leur disait de bâtir sur de larges bases les institutions de la patrie. »

« Dans le sénatus-consulte de l'an XII qui établit les devoirs de la famille Bonaparte envers le peuple français, ce principe était reconnu, car, au bout d'un certain temps, *l'obligation d'un appel au peuple était consacrée.* » Je ne doute pas que l'empereur Napoléon III, bien qu'il ne l'ait pas consacrée dans sa constitution, ne consulte tôt ou tard le peuple qui s'est renouvelé depuis 1852, comme l'a dit M. Rouher à la tribune; ou son fils, tout au moins, en montant sur le trône le consultera. Le gouvernement impérial déclare hautement qu'il est fondé sur la volonté nationale; s'il ne s'offrait pas de temps en temps au jugement du peuple assemblé pour cela, son pouvoir ne serait plus fondé que sur la volonté nationale de 1852, ce qui n'est pas la même chose.

V

Venons au troisième pouvoir. — Le *judiciaire* décide comment, un cas particulier étant donné, la loi s'adapte, s'applique à ce cas. Le judiciaire intervient entre deux particuliers ou entre un citoyen et le gouvernement disputant sur la manière dont la loi doit être appliquée. C'est l'*arbitre* universel.

Le judiciaire n'est ni supérieur ni inférieur : c'est un pouvoir à part; on n'a pas assez remarqué sa nature singulière. Rien n'est plus absurde, à coup sûr, que de le faire dépendre de près ou de loin de l'exécutif.

Le pouvoir judiciaire ne peut se comprendre que comme un *arbitrage*. — Nous avons, mon voisin et moi, des prétentions sur un même objet. C'est une idée de raison que chacun de nous n'est pas bon juge de son droit. Il faut en référer à un tiers; nous prendrons un arbitre. C'est là la forme la plus simple du pouvoir judiciaire; ç'a été, peut-être, la première à l'origine des sociétés; ce sera probablement la dernière; je ne doute pas qu'on n'y revienne.

Il peut y avoir des formes d'élection moins directes; ces formes sont admissibles tant qu'elles conservent au fond le principe essentiel : le consentement du plaideur, sa déférence à la judiciaire d'autrui. Ainsi le jury n'est pas précisément choisi par le plaidant; toutefois celui-ci n'a pas trop à se plaindre : un certain nombre d'hommes sont pris au hasard parmi ses concitoyens, ses égaux; il exerce des récusations, ce qui est après tout choisir sur un nombre limité. L'institution ne déroge pas trop au principe.

En Amérique, le juge proprement dit, l'homme qui interprète et applique la loi au fait vérifié par le jury, est nommé non pas pour chaque affaire et par les plaideurs seuls, ce qui serait l'idéal, mais au moins par le peuple et pour un temps plus ou moins court. C'est s'approcher encore plus du principe.

En France, sans parler des autres pays, nous avons complétement perdu de vue le principe. Nos rois décidèrent jadis qu'ils étaient la source de toute justice ; mais d'abord ils se croyaient les représentants de Dieu ; et puis il ne faut pas demander aux princes de ce temps de saines idées politiques. Nos gouvernements modernes, qui ne prétendent pas représenter Dieu, font comme les anciens rois : ils nomment des juges, de vrais juges, en possession de décider du fait et du droit. C'est tout à fait incompréhensible.

Au criminel, cependant, nous avons imité des Anglo-Saxons l'institution du jury.

Je ne crois pas qu'il y ait entre la race dite anglo-saxonne et la race latine de différence plus profonde, plus essentielle et plus effective, que leur manière de comprendre le droit de juger : les Anglo-Saxons savent ce qu'il est, d'où il sort, et les Latins ne le savent pas du tout.

Chose singulière! nous commençons à comprendre que personne ne peut avoir le droit de nous gouverner que celui-là à qui nous avons consenti ce droit, et nous ne voyons pas que notre consentement est encore bien plus nécessaire pour nous juger. Dès que nous rentrerons dans la voie de la raison, le jury sera établi pour toutes les affaires, tant civiles que criminelles; et quand nous pousserons un peu plus avant, les juges seront élus par le peuple comme les députés, ainsi que cela se passe en Amérique.

VI

Continuons l'examen des principes. Le pouvoir exécutif doit administrer avec vigilance et honnêteté, cela va de soi. Il doit rester strictement dans les limites du mandat, c'est-à-dire de l'administration. Il n'est, à l'égard du mandant, ni un père, ni un tuteur, mais un agent; il ne lui appartient pas du tout d'avoir des idées, des vues personnelles, des manières à lui d'entendre les affaires. Il faut qu'il administre comme le mandant désire, et qu'il suive attentivement les variations de sa volonté, ainsi qu'un baromètre suit les variations de l'atmosphère.

Le gouvernement ne peut être qu'un baromètre, voilà le mot. C'est une grave erreur de croire que le mandataire aurait le droit de faire prévaloir ses idées personnelles parce qu'elles seraient meilleures que celles du mandant. Que dirait un commerçant si son commis transgressait ses ordres, sous prétexte de faire mieux? « Pour cette fois c'est bien, mais ne vous avisez pas de recommencer, » dirait-il. Et s'il y avait contestation, le tribunal condamnerait le commis sûrement. Le mandataire ne gouverne pas, parce qu'il a raison, mais parce qu'il a pour cela la volonté du peuple. Son pouvoir est fondé sur cette volonté, il s'étend exactement sur elle; dès qu'il déborde, il n'a plus de base.

Rien n'est plus dangereux que de se tromper là-dessus. Un gouvernement qui prétend justifier un de ses actes par la raison, non par la volonté nationale, justifie toutes les factions; celles-ci, en effet, ne prétendent pas autre chose que se passer de la majorité au nom de la raison. Il appelle les révolutions. C'est une des causes de celles que nous avons vues chez nous.

Ce qui est tout à fait inconvenant et tout à fait dangereux, c'est que le mandataire se permette de mépriser hautement la volonté nationale, sous prétexte que la nation n'a pas la capacité politique ; en traitant la nation de mineure, il ruine sa propre base, il se renverse lui-même. Si la nation est incapable, il est clair que le mandat qu'il en a reçu est nul. Qu'il ne vienne pas dire que le peuple, en le nommant, a eu un jour de raison ; cette allégation intéressée prêterait trop à rire. Qu'il ne dise pas non plus qu'il la gouverne du droit du plus sage ou du plus habile, chaque parti lui répondrait : « Puisque le gouvernement appartient à la sagesse, cédez-moi la place. Le plus sage, c'est moi. » Le gouvernement qui ne s'incline pas absolument devant la volonté publique est positivement un fauteur de révolutions.

Le droit du peuple d'exiger qu'on gère ses affaires comme il l'entend ne tient pas à ce qu'il est raisonnable, c'est une simple dépendance de ce droit plus général que possède chaque individu de conduire ses intérêts à sa guise, bien ou mal.

Il faut donc, pour remplir tout son devoir, que le mandataire soit constamment occupé à chercher la volonté de son mandant.

Le mandant n'a qu'une obligation à l'égard du mandataire, lui rembourser ses avances s'il y a lieu ; ce qui, on en conviendra, ne s'applique guère dans le mandat de gouvernement, et lui payer les honoraires convenus.

Le mandant n'est pas assurément tenu de ne pas se contredire, et sa volonté exprimée ne le lie pas à l'égard du mandataire; s'il lui plaît de la reprendre, il le peut. Il ne serait pas même obligé de garder le mandataire jusqu'au terme préfix, s'il y en a un. Le mandataire n'est pas un domestique qu'on prévient de chercher un autre maître, afin qu'il n'éprouve pas de chômage. Il ne faut pas abaisser le mandat au rang du louage d'ouvrage. Voilà un des aspects du gouvernement. Il faut à présent l'envisager sous son autre aspect.

VII

Le mandat de gouvernement est contenu dans un autre contrat qui l'enveloppe et qui nécessairement le précède. On ne peut pas considérer les personnes d'une même nation autrement que comme les membres d'une *société* plus ou moins expresse.

Les membres de cette société conviennent de nommer un certain nombre de chefs, aux mains de qui chacun remettra une partie de son argent et de sa force, pour composer une puissance publique, supérieure à quelque individu que ce soit. Les hommes qui exercent cette puissance et les conditions sous lesquelles ils l'exerceront sont décidés à la pluralité des suffrages.

Pourquoi à la pluralité des suffrages? Cela est-il bon? Oui cela est bon, mais pas par les motifs qu'on croit généralement.

Ce n'est pas parce que le plus grand nombre a toujours raison. Le nombre n'est pas une présomption de vérité comme on le pense trop souvent, ce serait plutôt le contraire. Ce n'est pas non plus qu'il y ait du droit dans le nombre comme on l'imagine encore plus souvent; il ne s'y trouve que de la force. S'il faut laisser au grand nombre le pouvoir de gouverner, c'est que sa volonté rencontrera moins de résistance devant elle qu'elle n'a derrière elle de force impulsive, pour vaincre cette résistance.

Comme il n'y a pas un signe irrécusable auquel on puisse reconnaître et faire reconnaître la vérité sans contestation possible, la volonté du petit nombre et celle du grand restent égales à ce point de vue; mais la volonté de la majorité a un avantage qui fait pencher la balance de son côté; elle doit être acceptée comme plus praticable. Ce n'est donc pas la justice qui veut qu'on y cède, c'est la raison pratique ; cela n'a nul rapport ni avec la vérité, ni avec la justice, mais avec l'utilité.

VIII

Examinons à présent quels sont les droits et les devoirs des sociétaires entre eux, une fois le gouvernement voté. Les sociétaires sont tenus implicitement et sans qu'il soit besoin de le dire à certaines obligations respectives. La minorité ne tentera pas de reprendre par la ruse ou par la force l'ascendant qui lui est échappé ; elle ne tentera pas de changer par la violence ce que le consentement du plus grand nombre a établi, cela est évident.

Ceux qui font une émeute pour changer le gouvernement ne peuvent jamais être sûrs qu'ils ne vont pas contre la volonté générale. Ils courent le risque d'imposer à la majorité quelque chose qu'elle ne veut pas. En courant ce risque de gaieté de cœur, ils manquent à la convention sur laquelle repose toute la société politique, la souveraineté de l'avis général. Ils ont, disent-ils, la vérité pour eux. A la bonne heure ! mais qu'est-ce qui n'a pas la vérité de son côté? D'ailleurs la vérité, quand ils la posséderaient, ne leur servirait de rien. La vérité ne donne aucun droit de gouverner ses semblables; ce droit ne sort que de leur consentement.

La vérité ne donne qu'un droit, celui de convaincre. A l'homme du consentement général le gouvernement matériel, à l'homme de la vérité l'empire volontaire des esprits : voilà le partage légitime. Cette loi, les partis en France l'ont souvent méconnue; ils l'ont même quelquefois méprisée au nom d'une fausse loi prétendue supérieure; mais les partis, il faut le dire, n'avaient pas eu les premiers torts.

La majorité doit laisser à la minorité la liberté entière de propager ses opinions (1), et l'espoir de

(1) Il n'est pas dans l'ordre d'idées que je suis en ce moment de parler des formes actuelles de l'élection, du mécanisme usité parmi nous pour découvrir et constater la majorité; j'en dirai cependant quelques mots. Ce mécanisme, qui devrait être précis à la manière d'un chronomètre, comme le dit très-justement M. de Girardin, ne donne que des résultats grossièrement approximatifs. Il en résulte un certain nombre d'inconvénients graves, parmi lesquels le plus grave assurément est d'annuler politiquement les minorités, fussent-elles à très-peu près aussi considérables que la majorité. Nouvelle cause de révolution. Car une majorité qui n'est pas très supérieure aux minorités a tout juste assez de force pour gouverner dans les circonstances tranquilles; elle n'en a plus assez

devenir majorité un jour. Cela résulte strictement du contrat de société.

Nous sommes convenus par raison que la majorité formerait le gouvernement à son image.

Nous ne sommes pas convenus que la majorité actuelle formerait à son image un gouvernement immuable qui durerait jusqu'à la fin du monde, parce que ce serait trop absurde.

dans les occasions extraordinaires, où un plus ou moins grand nombre des hommes qui la composent perdent la décision, le sang-froid, et ne comptent plus.

Un jour viendra inévitablement où les députés chargés des affaires générales du pays seront nommés dans tout le pays, sans distinction de colléges; où les députés chargés des affaires du département seront nommés dans tout le département, sans distinction de colléges cantonaux.

On fixera sans doute à quel chiffre les partisans d'une opinion auront un représentant, et on attribuera à chaque représentant autant de votes que le chiffre sera contenu de fois dans le nombre de ses commettants.

Alors l'influence dans les affaires publiques sera précisément proportionnelle au nombre, ce qui n'est pas aujourd'hui.

L'idée que je viens d'exposer, et qui appartient en premier lieu à M. de Girardin, je crois, est, de toutes les idées politiques nouvelles, une de celles qu'on a le plus mal accueillies. Elle paraît tout à fait paradoxale ou chimérique. Je la tiens au contraire pour une des idées dont la réalisation est sûre. Si l'on continue à considérer le nombre comme le fondement du droit de gouverner, il faudra qu'on arrive à ce système d'élection : c'est forcé.

La majorité peut devenir la minorité; cela arrive de deux manières : ou ceux qui la composaient passent à l'autre bord, ou les nouvelles générations viennent grossir principalement la minorité.

La minorité ancienne devenue majorité devra gouverner, et l'ancienne majorité quitter le pouvoir, par le même principe de raison auquel celle-ci a dû son empire. Si l'ancienne majorité, devenue minorité, s'y refusait, elle déclarerait, par là même, l'illégalité de sa domination passée.

La majorité actuelle doit donc être toujours résignée à céder la place, au cas où elle viendrait à perdre le nombre qui fait son titre. Mais, si elle est obligée à cela, il est clair qu'elle ne doit pas empêcher que la minorité parle, écrive, répande ses idées, recrute des adhérents; car si elle l'empêchait, elle s'arrangerait de façon à rester toujours majorité, et ce serait reprendre sous main ce qui a été concédé, faire indirectement ce qui n'est pas permis.

A l'égard des générations nouvelles, cette supercherie de la majorité serait un véritable crime. En arrivant, les générations trouveraient les opinions de la majorité établies, à l'état de dogmes, sans contradiction sérieuse, parce que la contradiction serait réprimée. Leur religion serait surprise.

Elles n'auraient plus des convictions, mais des préjugés ; car une idée, fût-elle juste, est un préjugé quand on ne l'a jamais entendu contester. La première génération, d'où est sortie la majorité oppressive, avait du moins écouté le pour et le contre avant de se déclarer. — Il y a quelque chose de plus odieux que de forcer le consentement : c'est de le surprendre, c'est de le voler.

Jamais les majorités françaises n'ont compris ce point de morale. Dès qu'elles étaient déclarées, soit par un vote, soit par un événement, elles disaient implicitement à la minorité : « Vous le voyez, vous avez tort ; votre opinion est mauvaise et la nôtre est la bonne. Rangez-vous à notre opinion ; persister dans votre erreur serait d'un méchant esprit et d'un caractère brouillon ; au reste nous ne le permettrions pas ; il y aura des peines pour les factieux. Nous allons arranger le gouvernement à notre manière, qui est reconnue pour la bonne, et on n'y touchera plus. Nous en avons là pour jusqu'à la fin du monde. » Voilà justement l'utopie des utopies : établir l'immuable, l'éternel ! Les idées les plus folles sont praticables en comparaison de celle-là !

En conséquence, la majorité faisait des lois pour empêcher que la minorité ne propageât ses idées et n'attirât à elle des adhérents. Elle en faisait particulièrement sur la manière de nommer les députés, combinant ces lois de telle sorte que l'opinion de la minorité, quand même elle viendrait à prévaloir dans le public, ne pût pas prévaloir dans le gouvernement (j'en donnerai de curieux exemples à la fin de mon livre). Parce que la minorité est obligée de se soumettre en fait et qu'elle ne doit pas changer le gouvernement par la force, la majorité s'imaginait qu'elle ne doit pas non plus essayer de le changer par la persuasion. Ces majorités abusives ont fait nos minorités factieuses : comme on leur contestait tout, même le droit de convaincre, qu'on confondait avec le crime d'insurrection, celles-ci reprenaient, par une réaction naturelle, toute leur liberté, jusqu'à l'insurrection. Cela est toujours arrivé dans ce siècle-ci, et cela arrivera toujours à présent. Liberté constante ou révolution périodique, je ne crois pas qu'il y ait pour un État moderne une troisième fortune.

Et cela est fondé sur la nature humaine. Un parti doit se révolter, dès qu'on lui ôte l'espoir de vaincre par des moyens pacifiques, parce qu'un parti ne peut pas se résigner à mourir, pas plus qu'un homme et peut-être moins.

Justement ç'a a toujours été la manie de nos politiques de vouloir décourager à toute force les oppositions. Ils ont toujours considéré avec indignation, et comme un outrage, qu'un parti contraire gardât quelque espérance. Ce n'était pas assez de l'avoir dépossédé du pouvoir, il leur fallait le dompter moralement, lui briser la volonté. Ils ont semblé même plus préoccupés souvent de cette tyrannie morale que de tout autre chôse. C'était tout juste aussi sensé, aussi praticable que si l'on voulait forcer un homme de consentir à son exécution.

Et pourquoi la minorité se résignerait-elle? Comme la majorité, elle croit professer exclusivement le vrai. Le vote public ne peut changer sa conviction à cet égard, le nombre n'étant pas un argument. Il est impossible que la minorité voie blanc sur l'heure ce qui lui paraissait noir. Voudrait-on qu'au moins elle renfermât au fond de son cœur ce qu'elle tient pour vrai? Ce serait exiger qu'elle trahît la bonne cause. Il n'importe que la cause soit bonne en effet, il suffit que la minorité la croie telle; ne voyez-vous pas, c'est une lâche et plate abnégation que vous lui demandez? Le jour où les minorités condescendraient à ces résignations subites, l'humanité serait tombée bien bas ; ce serait que l'esprit humain ne tient plus à la vérité.

J'ai une opinion que j'estime vraie, la seule vraie, et je demande non à l'imposer par la force, mais à la faire adopter par raison. Est-il rien de plus naturel, de plus légitime? Comment donc, parce qu'à un certain moment de la durée, le jour où l'on est allé aux voix mon opinion s'est trouvée inférieure par le nombre, elle serait condamnée pour l'éternité! Propager cette opinion, ce qui était permis la veille du vote, serait chose défendue le lendemain et pour toujours! Ce serait un crime punissable que d'appartenir au petit nombre! Une génération pourrait à elle seule engager l'avenir, prononcer d'irrévocables arrêts, d'irréparables déchéances! Où en serions-nous si l'on eût appliqué ce régime aux vérités scientifiques?

Que les minorités, dès qu'on les empêche de se révolter, rêvent de s'emparer du pouvoir par la force, c'est extrêmement fâcheux sans doute pour la paix publique, mais, j'ose le dire, cela honore la nature humaine. Il n'est pas permis de se résigner pour le compte de la vérité, c'est-à-dire de ce qu'on croit être la vérité.

« Tout sera donc remis éternellement en question? » Sans doute, il le faut bien. Cela vous paraît dangereux? Prenons donc le parti contraire; vous allez voir que nous arriverons à une absurdité impraticable. Voici la proposition contraire à la mienne : « Une fois qu'une décision aura été prise, une loi votée, une forme de gouvernement établie, ce sera décidé, voté, établi pour l'éternité. Quoi qu'il arrive, on n'y changera plus rien. » Êtes-vous content? ne sentez-vous pas toute l'impossibilité? — Mais, direz-vous, on peut prendre un terme moyen : la majorité aura le pouvoir de changer ce qu'elle a établi. — A la bonne heure; mais comment fera-t-elle ce changement? J'imagine qu'auparavant on en aura parlé; il y aura eu des discussions pour et contre. Et dans ce moment-là, qui précédera nécessairement le vote où la majorité se déclarera, qui vous dit que c'est la majorité qui désire, qui demande le changement? C'est peut-être la minorité. Et voilà que vous-même arrivez à permettre à la minorité de tout remettre en question. Vous supposiez, sans y prendre garde, que la majorité peut être connue avant le vote, ce qui est impossible. — Chose étrange, qu'on veuille se soustraire en politique à une loi inévitable qu'on subit partout ailleurs?

Imaginez un peu que chaque point de physique,

chimie, histoire naturelle, physiologie, etc., eût été mis aux voix, puis décrété avec des peines pour qui désormais y contredira. Savez-vous où nous en serions? Nous en serions à nous battre pour des thèses scientifiques. L'humanité n'avancerait dans les sciences qu'avec des révolutions périodiques, et chaque progrès n'aurait lieu qu'au prix d'un sursaut redoutable. Vous ne le croyez pas? vous vous imaginez qu'on ne fait des révolutions que pour changer le gouvernement? Je vous renvoie à l'histoire. On s'est battu pour des points de métaphysique, de théologie, d'histoire; on s'est battu pour les idées les plus nulles et les plus vides; parce que l'importance de l'idée n'y fait rien, il suffit, pour qu'on se batte, qu'un parti ne veuille pas laisser au parti contraire l'espoir de devenir le plus fort, et la liberté de convaincre. Je me chargerais, si j'étais gouvernement, de provoquer je ne dirai pas des révolutions, mais des émeutes, pour l'objet le plus futile. Avec un ou deux décrets, on en verrait la comédie, ou plutôt le drame; et le drame aurait ses héros, peut-être même ses martyrs. Est-ce que je veux décrier l'humanité, en disant cela? Tant s'en faut. Je n'ai pas du tout envie de me moquer; au contraire, je respecte, je sais gré à l'humanité d'être faite ainsi.

Les principes que je viens d'exposer, je les résume sous la forme d'articles de lois.

Art. 1er. La nomination des personnes chargées de gérer les intérêts communs de la société nationale, les formes et conditions de leur gérance seront décidées par tous les membres de la société, à la pluralité des voix.

Art. 2. Les obligations des gérants ou gouvernants envers les membres de la société seront régies par les principes du mandat.

Art. 3. Les mandants ont entre eux les obligations suivantes : Nul ne tentera de changer par la force ce qui aura été établi du consentement général; nul ne tentera d'empêcher ses co-mandants de communiquer ensemble, de quelque manière que ce soit ; il ne tentera pas davantage de prévenir par la contrainte l'expression et la diffusion d'une opinion quelconque.

Le lecteur me pardonnera de m'être érigé en législateur; cela ne fait de mal à personne, et les idées ainsi articulées se gravent mieux dans la mémoire.

J'inscrirais en tête de mes articles la rubrique suivante : *Société nationale et contrat de gouvernement*, et je placerais le tout, si j'en étais le maître, dans le Code civil, entre les articles 1831 et 1832, c'est-à-dire immédiatement avant le contrat de société. A mon avis, la véritable place de ces principes n'est pas dans une constitution. Les constitutions viennent et s'en vont. Elles sont au contrat du gouvernement ce qu'un acte particulier de société est au contrat de société considéré généralement et dans ses principes essentiels.

Déposé dans le Code civil, le contrat de gouvernement servirait à juger les constitutions ; ce serait le type sur lequel on pourrait mesurer la valeur de chaque contrat de cette espèce ; d'après lequel on verrait notamment si une constitution ne contient aucune *clause léonine*.

J'ai pris plaisir, je l'avoue, à invoquer uniquement jusqu'ici le droit, à me taire sur l'effet utile des libertés que je réclame. Je voulais par là faire sentir autant qu'il était en moi la dignité hors ligne, la prééminence souveraine du droit. Peut-être n'y ai-je pas réussi. A présent, venons à la question secondaire de l'utilité.

CHAPITRE V

I

J'ai à la liberté de la presse et à la liberté de réunion des intérêts de plusieurs sortes.

D'abord un intérêt moral de premier ordre.

Chacun a ses opinions religieuses, morales, politiques, artistiques, etc. J'ai les miennes comme tout le monde. Je tiens (comme tout le monde encore, je suppose), je tiens à ce que mes opinions approchent le plus possible de la vérité.

Je ne sais pas pour cela de meilleur moyen que de les publier.

Ceux qui m'approuvent me rendent de grands services. En réfléchissant mes idées, ils me les présentent le plus souvent sous des aspects nouveaux, ils me justifient mes propres opinions par des raisons nouvelles que je n'avais pas aperçues; ce qui n'était quelquefois qu'un préjugé devient grâce à eux une conviction. Leur assentiment, en m'apprenant que je ne suis pas seul, vivifie mes croyances, réchauffe mon zèle; je me sens dix fois plus animé à la poursuite de la vérité.

Ceux qui me désapprouvent critiquent mes opinions, nient mes croyances; ceux-là me sont plus utiles encore. S'ils ont tort, leurs mauvais raisonnements me confirment. La faiblesse de leurs objections devient pour moi le meilleur signe que je suis dans le vrai. S'ils ont raison et s'ils me convertissent, voilà un immense profit pour moi. Supposez qu'ils ne réussissent qu'à m'ébranler, je doute et c'est déjà beaucoup, c'est le commencement de la sagesse. A mon insu je modère mon opinion, je la mitige; j'en laisse tomber la partie défectueuse. Si, comme c'est plus probable, nous avons chacun de notre côté tort et raison à la fois, en consolidant ce que mes idées ont de vrai, et en usant peu à peu ce qu'elles ont de faux, ils affinent toujours l'alliage. Tout cela est excellent. J'en vis davantage, j'en travaille avec plus d'ardeur; j'en étudie avec plus d'amour; j'avance dans la voie de la vérité; et comme je fais aux autres ce qu'ils me font, sans le vouloir, sans y penser, je leur rends les mêmes services. Nous dépensons tous plus d'efforts, nous vivons davantage, le mouvement intellectuel s'accélère et le monde va plus vite.

J'ai intérêt à être éclairé, c'est incontestable. Il n'est pas moins sûr que j'ai intérêt à ce que les hommes autour de moi soient le plus éclairés possible. Les conditions morales et matérielles dans lesquelles je vis, ce sont eux qui les font. Moi tout seul, que puis-je pour moi? Pas grand'-chose. Citons un exemple qui éclaire mon idée. Je paye mon pain à raison de ce qu'il y a de blé dans mon pays ou aux environs; or, le blé abonde à proportion de la science agricole de mes contemporains. S'ils étaient plus habiles, j'aurais plus de pain à moins de frais; ainsi de tout.

Qu'on ne dise pas que la liberté d'écrire sur certaines matières suffit pour l'avancement du genre .humain. Toutes les matières se tiennent. Qui peut affirmer qu'une discussion théologique n'aura pas pour effet dernier de faire pousser plus de blé sur la terre! Pénétré d'un certain catholicisme, Galilée n'aurait pas découvert la circulation de la terre autour du soleil; Newton n'aurait pas inventé l'attraction, et d'autres, suivant la même voie, le calcul des marées, et sans le calcul des marées il se serait perdu, il se perdrait annuellement des vaisseaux pour plusieurs millions de plus qu'il ne s'en perd.

La liberté de réunion a d'abord les mêmes avantages que la liberté de la presse; réunion, discussion, cela se tient; c'est la même chose. J'ai entendu des gens qui faisaient mine de n'être pas convaincus de l'utilité de la discussion. Pauvres gens, on ne peut pas les nommer autrement, dénués du sens le plus commun; malheureux myopes qui ne voient pas ce qui leur touche les paupières. On s'éclaire toujours par la discussion, on ne s'éclaire que par elle. Voyez-vous d'ici un homme qui jamais n'aurait entendu que le son de sa voix et l'écho de ses idées, que nul n'aurait jamais averti ni contredit; quel imbécile, quel fou! Les gens qui n'estiment pas la contradiction ont bien besoin d'être contredits.

Mais les réunions ne servent pas qu'à s'instruire: elles servent à agir, à créer. Une multitude d'entreprises sont au-dessus de l'homme seul, il y faut un concert d'agents; et celles mêmes auxquelles des individus isolés suffisent seraient souvent mieux conduites par des hommes associés. En France, pays arriéré à présent sous bien des rapports, nous ne concevons l'usage des réunions et des sociétés que pour les affaires de commerce ; c'est faute d'avoir jamais pu pratiquer largement le droit de réunion. En Amérique, en Angleterre, on forme des réunions, des sociétés pour toutes sortes de desseins. Un homme veut-il fonder une école pour le peuple, combattre l'ivrognerie des classes ouvrières, découvrir une nouvelle planète, explorer le pôle nord, élever de bonnes nourrices, propager une inteprétation nouvelle d'un verset de la Bible, que sais-je? Il publie son idée, il recueille des adhésions, convoque des adhérents. Seul, il n'aurait pu rien faire. La société ou les sociétés qu'il a créées agissent efficacement, puissamment.

Il m'importerait beaucoup qu'on pût créer chez nous des sociétés pareilles. Je n'ai qu'un temps à vivre, et un temps très-court. La vie n'est pas commode à tout instant; je voudrais qu'on permît à moi et à mes concitoyens de nous évertuer par tous les moyens possibles à la rendre supportable.

J'ai hâte, je l'avoue, de voir se réaliser certains progrès indispensables, de voir disparaître certaines gênes fort dures ; car je sais que je mourrai demain, et il n'est pas assez prouvé que je trouverai mieux mon compte une autre fois.

Il y a des gens qui ont toutes leurs aises, et je ne

demande pas qu'on les leur ôte ; mais eux demandent que ceux qui ne les ont pas soient condamnés à un repos absolu. Ils calculent qu'un mouvement peut déranger ce monde, où ils sont bien.

Le plus sûr, pensent-ils, c'est que rien ne bouge. Sentiment naturel ; mais le contraire est naturel aussi : il doit être permis à ceux qui manquent de bien des choses de se réunir, de se concerter pour les acquérir.

Il me semble voir un immense océan qui dort immobile sous la pression pesante de l'État ; Dans chaque vague de cet océan une force gît inerte, stérile : c'est l'océan de l'initiative individuelle. Ah ! si toutes ces forces, réveillées, dégourdies, entraient une bonne fois en mouvement, en action, quelle somme de travail et quels résultats ! Quelle différence pour nos destinées !

Nous en pourrons juger un jour, à nos dépens, je le crains. L'Amérique existe à peine depuis quelques années. L'Angleterre ne jouit réellement de ses libertés que depuis peu. L'avantage que l'initiative privée donne à ces peuples sur nous n'a pas eu le temps de se marquer d'une manière évidente pour tous ; mais chaque jour l'écart augmente, et dans cinquante ans, hélas ! nous serons bien distancés. Nous produirons, sans doute, encore de bons soldats, ce qui n'est pas grand chose ; nous produirons même probablement des artistes supérieurs, parce que notre tempérament artistique, qui s'est lentement formé avec les siècles, ne peut pas se défaire en quelques années ; mais, hors ces deux points, nous serons primés en tout. Je crois qu'il y aura chez nous beaucoup moins d'activité matérielle et intellectuelle que chez nos voisins ; il y aura moins d'industrie, de commerce, moins de produits de toutes sortes, moins de voies de communication ; moins de richesse chez les riches, moins d'aisance et de bien-être dans le peuple. Les masses seront moins instruites ; elles seront même moins morales ; on y relèvera plus de crimes et de délits. Dans les hautes classes il y aura moins de hardiesse, d'initiative, moins de savants, moins d'inventeurs ; plus de paresse, d'orgueil et d'inutilités. En un mot, on vivra un peu moins ; la vie sera un peu plus étroite et gênée chez nous que chez nos voisins. Déjà, peut-être... oui déjà, il me semble qu'à nous comparer non par tel ou tel point, mais par tous ensemble, il me semble que nous avons du dessous ; nous travaillons moins, nous produisons moins, en somme, que l'Angleterre, que l'Amérique, et même, toute proportion gardée, moins que quelques petits États qui jouissent de la liberté, comme la Belgique par exemple. Nous avons moins d'instruction. Quant à la haute culture, nous sommes décidément inférieurs à l'Allemagne. Le centre scientifique n'est plus à Paris; c'est visible : il est en train de se fixer à Berlin.

Sans doute nous ne resterons pas beaucoup en arrière; une nation dans la situation géographique de la France ne peut pas, heureusement, en plein dix-neuvième siècle, se faire une destinée tout à fait solitaire. Nous suivrons nos voisins, je le crois; mais qui l'aurait dit en 1789?

Il y a des gens qui, sur ce que je viens de dire, jetteront des cris; comme si en exposant la déchéance que je crains, je la faisais! et puis ils m'accuseront de n'être pas patriote : J'avoue qu'à l'entendre, à leur manière, je ne suis pas patriote. Je confesse qu'une victoire me touche peu; je n'ai pas le plaisir qu'ils ont, à ce qu'il paraît, de se croire braves parce que nos soldats l'ont été. Mais je voudrais voir autour de moi les hommes plus actifs, plus éclairés et plus contents, fût ce en toute simplicité, et sans l'ombre la plus légère d'un laurier.

II

Si le gouvernement n'existait pas, les libertés de la presse et de réunion seraient extrêmement utiles, comme je viens de le prouver, je crois; elles ne seraient pas tout à fait indispensables.

Mais le gouvernement existe et ne peut pas ne pas exister. C'est un danger nécessaire avec lequel il faut vivre. Ce n'en est pas moins un danger immense et constant.

Il est facile de le reconnaître à première vue.

Un gouvernement, comme celui de la France commande à 400 ou 500,000 soldats au moins, à 200 ou 300,000 agents qui, répandus sur toute la surface du pays et liés entre eux par une hiérarchie étroite, peuvent porter en un instant jusque dans le dernier hameau une même injonction, répéter une même parole ou exécuter une même résolution souvent élaborée en secret, conçue quelquefois par un seul homme. Voilà une unité, un concert formidable, soit pour la parole, soit pour l'action. Et ces agents sont, en ce qu'ils disent, en ce qu'ils font, appuyés d'une double autorité, celle qui tient à la force matérielle, aux gendarmes, aux juges et aux 500,000 baïonnettes que chacun peut apercevoir derrière eux, et celle qui tient au prestige moral toujours attaché au nom du gouvernement. Ces 300,000 agents trouvent encore des auxiliaires puissants dans les sentiments naturels du public : l'habitude séculaire de l'obéissance ; la crainte aussi séculaire des persécutions ; le sentiment de sa solitude, de son néant, que chaque individu éprouve en face du gouvernement. Ils ont pour auxiliaires encore les intérêts (presque tout le monde ayant *a priori* intérêt à maintenir le gouvernement existant, quel qu'il soit) ; pour auxiliaires encore, presque toutes les ambitions ; car le gouvernement dispose de 300,000 places plus ou moins lucratives ; car il a dans ses mains un budget immense, d'innombrables moyens de faire directement la fortune des gens, sans compter les moyens indirects, qu'il serait trop long d'énumérer. Au pied de cette machine gigantesque d'une force incalculable, et tout autour, que voit-on et qu'y a-t-il ? Des individus isolés, des particuliers sans lien, sans cohésion, une poussière d'hommes.

Je me vois, moi, parmi cette poussière, grain de sable impuissant, et j'ai peur d'être broyé. —

Toutes les craintes de certaines gens sont pour la machine!

Si à première vue on éprouve un certain malaise devant cet engin d'écrasement, c'est vraiment bien autre chose quand on se met à en étudier l'histoire avec un peu d'attention. La première réflexion qui vient à un homme sensé est celle-ci : « Le mal que peut faire un gouvernement est incalculable ! »

Si je voulais exposer ici les bévues énormes, les folies immenses, les désastres infinis dont les gouvernements se sont rendus coupables rien que chez nous ; les ruines, les malheurs qu'ils ont accomplis, et très-souvent avec cet ordre, cette méthode, cette suite qui caractérisent l'action gouvernementale, je n'en finirais pas : c'est toute la trame de l'histoire.

Un gouvernement follement ambitieux, pour citer un exemple dans ce siècle, peut nous engager dans une suite de guerres accablantes, et nous conduire, par la perte de toutes nos libertés, par l'extermination de tous nos mâles, à la défaite décisive, comme il est arrivé à Napoléon Ier ; il peut nous livrer épuisés de sang et de forces à la domination de l'étranger ; il peut nous faire démembrer, nous faire anéantir, comme il a failli arriver en 1815. La presse, soit dit en passant, ne peut faire cela, si malfaisante qu'on la suppose.

Quand j'entends un gouvernement le prendre de haut avec la presse et lui reprocher ses excès, ses violences de langage, avec un air de pudeur scandalisée, je trouve que c'est le renversement de tous les rôles. Quoi donc! mais s'il y a dans le monde quelqu'un qui par ses excès énormes et continuels, qui par l'immensité des maux causés ait mérité de vivre, comme un forçat, sous la haute surveillance du peuple, épié, suspecté, gardé à vue, étroitement lié et puissamment contenu, c'est à coup sûr le gouvernement. (Je parle non d'un gouvernement en particulier, mais du gouvernement en général.) Le gouvernement, c'est le grand criminel de l'histoire. Je sais bien qu'il en faut un, mais je dis que cette nécessité est la marque la plus certaine de l'imperfection de notre nature, la preuve la plus sensible de la misère de notre condition; c'est le sceau le plus distinct de la fatalité naturelle qui pèse sur l'homme.

Depuis le commencement de l'histoire jusqu'à nos jours, le gouvernement a été pour la race humaine l'incomparable fléau dont aucun phémonène naturel n'a jamais égalé à beaucoup près l'intensité formidable.

Je ne remonterai pas jusqu'au commencement de l'histoire ; mais quelle grêle, quel tremblement de terre, quelle inondation auraient jamais pu raser les champs, dénuder, dépeupler les campagnes comme l'a fait le gouvernement romain, l'administration romaine? C'était, pour le temps, une belle administration, une savante administration, dont les membres disaient sans doute: « Cette administration que le monde barbare nous envie. » Eh bien! cette belle administration dégoûta de vivre ceux qui avaient le bonheur de vivre sous elle; elle découragea les paysans de la culture, les artisans de leur métier, les riches de leur fortune, les puissants même de leurs honneurs, tant elle sut tourner à charge, à ennui, à vexation tous les avantages qui peuvent se rencontrer dans la société. La preuve en est qu'elle fut obligée de clouer le colon sur son champ, l'ouvrier sur son métier, le riche sur sa propriété, le sénateur sur sa chaise curule; sans cela chacun aurait fui sa place; pour aller où? n'importe, pour changer: chacun était si mal qu'il ne croyait pas pouvoir être plus mal ailleurs. Une inquiétude, une versatilité universelle, auraient à chaque instant mêlé, confondu tous les rangs, à chaque instant rempli et vidé toutes les carrières d'une foule nouvelle. Beaucoup d'hommes, même dans les classes privilégiées, aspiraient à retourner à la barbarie primitive, à la vie sauvage et besoigneuse, dans les forêts. L'humanité avait renversé son idéal ordinaire; elle rêvait de misère libre.

Les Germains, les Ostrogoths, les Visigoths, les Francs et d'autres peuples forcèrent enfin, rompirent ce bagne.

Les Romains, tant gouvernés, administrés et énervés depuis des siècles, ne pouvaient pas être difficiles à conquérir. Leur sort entre les mains des barbares fut ce qu'il devait être. Un soldat qui est le plus fort n'a pas beaucoup de ménagements; ici, le soldat, brutal en tant que soldat, était de plus un barbare, un sauvage. Avec tout cela on ne sait pas si l'humanité souffrit plus sous ce tourbillon, sous cette tempête, que sous l'ordre et la paix romaine.

Au XIIe siècle la royauté commença à se relever, et avec elle nous recommençâmes à avoir un vrai gouvernement. Peu à peu, pièce à pièce, la machine s'éleva, s'arrondit, se compléta. Au XVIIe siècle, sous Louis XIV, le travail était achevé. Quand la machine eut fonctionné un siècle et demi, vers 1789, la France se trouva dans quel état? Dieu sait. Le pain, je dis le bon pain, n'était pas nourriture coutumière, même pour les classes aisées. On y mangeait plus d'orge et d'avoine que de blé. La viande était tout à fait de luxe, Le paysan, une année sur deux, se sustentait avec des racines, des glands, des châtaignes; souvent même il en était à paître l'herbe, comme une bête. Hâve, languissant, sale, déguenillé, demi-mendiant, son premier mouvement, quand il rencontrait un étranger, était de tendre la main. Et de véritables mendiants, il y en avait sur les routes et dans les grandes villes un et même deux millions. C'était le résultat des guerres *glorieuses* et des *beaux desseins* politiques de nos gouvernants, le résultat des impôts excessifs nécessités naturellement par les beaux desseins politiques.

Mais ce qui avait peut-être plus que tout fondé solidement la misère générale, c'étaient les soins de l'administration; elle avait si bien réglé le commerce des grains, des vins, etc., qu'on ne pouvait plus commercer. Chaque localité était obligée de vivre de ses produits; quand la récolte manquait, on y crevait de faim; quand elle abondait, on avait de quoi manger, mais rien de plus, pas d'argent; on ne pouvait vendre l'excédant des fruits, il se perdait; cela dégoûtait de travailler; chacun restreignait son champ, et préparait par là la famine future. On arrachait les vignes en beaucoup d'endroits ; la culture allait se rétrécissant ; la lande, la friche, gagnaient.

On avait aussi réglé toutes les professions industrielles, tant et si bien qu'il n'y avait pas un trou, pas une fente par où le progrès, l'invention pût s'introduire. En cinq cents ans, grâce à la réglementation, à l'administration, les hommes ont beaucoup moins inventé qu'on ne fait en dix ans de notre temps. Le gouvernement, il faut le dire pour être juste, ne créa pas la réglementation des métiers, mais il la perfectionna, il l'étendit à presque toutes les industries ; il multiplia les administrateurs, les agents dans chaque corporation ; multiplia aussi les prescriptions et partant les contraventions inévitables ; à ce point que souvent tous les profits des artisans passaient à payer les frais des procès, à payer les surveillants qui leur faisaient ces procès. Il y avait en 1789 des métiers si obérés que personne ne voulait plus y entrer.

Les sciences, qui ont éclaté presque simultanément de nos jours, auraient pu sortir, s'épanouir plus tôt, assurément. Que de fois l'une ou l'autre est venue pour ainsi dire jusqu'au seuil de l'existence ! Mais toujours elle était refoulée.

Depuis le commencement du monde l'individu

a fait effort pour réaliser la paix, le bien-être ; et depuis le commencement aussi, jusqu'à nos jours presque, le gouvernement a, sans le vouloir bien entendu, annulé autant que possible les efforts individuels.

Voilà la leçon de l'histoire.

Aussi je crie de toutes mes forces : Qui me garantira des gouvernements? et je m'émerveille quand j'entends de toutes parts de bonnes gens dire d'un air effaré : Qui est-ce qui me garantira de la presse?

Ah ! le bonhomme ! Ce n'est pas le gouvernement qu'il redoute, lui ; non, il s'en détourne, regarde ailleurs et demande à être protégé, contre quoi ? contre ce bruit, ce vent qu'on appelle la presse !

Ce n'est pas qu'au fond le bonhomme ne sache qu'un gouvernement peut commettre des excès, des crimes ; mais quoi ? il s'imagine que ces excès ne tombent que sur les hommes à caractère indépendant, dont il n'est pas. Il croit qu'avec une soumission parfaite, une obéissance infatigable, à quoi il est résolu d'avance, il ne donnera jamais lieu aux coups gouvernementaux. Quant aux dilapidations qui atteignent tout le monde, il en est peu touché d'avance. Il n'est pas de force à distinguer dans le malheur général son malheur particulier.

Il y a aussi une disposition commune à beaucoup d'esprits : c'est de ne pas s'émouvoir des plus effroyables exécutions dès qu'elles se font administrativement. Pour une foule de gens l'ordre est tout, et l'ordre consiste dans une certaine façon régulière de procéder. Que le peuple s'ameute, et qu'avec des cris, des vociférations, il massacre un homme dans la rue, c'est la plus abominable chose du monde, c'est la révolution ; mais que Louis XIV fusille, emprisonne, torture soixante mille protestants, femmes, enfants et vieillards, tout au plus s'ils sourcilleront. Ne sont-ce pas des hommes uniformément mis qui exécutent cela sur le commandement de leurs chefs, et ces chefs n'ont-ils pas des appointements fixes, ou à peu près? C'est donc de l'administration, donc de l'ordre; que veut-on de plus ?

CHAPITRE VI.

I

Il était nécessaire d'exposer brièvement les principes. Une fois qu'on les a devant les yeux, il suffit, je crois, d'un peu de bon sens pour comprendre ce que doit être une loi sur la presse, pour juger aussi les arguments que chaque jour on invoque contre sa liberté.

« Vous aurez la liberté de la presse, nous dit-on, quand il n'y aura plus de partis. » Voilà un singulier langage de la part d'un gouvernement; comme si ma liberté à moi, mandant, appartenait à mon mandataire! Il est vrai que le gouvernement me signifie ce refus, non pas en son nom propre, mais au nom de la majorité qu'il représente. C'est donc comme si la majorité me disait : « Vous aurez la liberté quand il n'y aura plus de minorité, quand la minorité, reniant ses opinions, sera venue se perdre dans mes rangs; quand il y aura unanimité. »

Ah! quand il y aura unanimité! A ce compte, j'ai le temps d'attendre!

Justement c'est un moyen sûr qu'il y ait toujours des mécontents que de refuser la liberté. Il y aura toujours, grâce à Dieu! un certain nombre de gens qui aimeront la liberté et qui sentiront leur droit. Ceux-là se montreront chagrins, querelleurs, hostiles au pouvoir qui les aura dépouillés de leur bien; ce sera un parti. Comme ils seront fâchés qu'on leur ait pris la liberté, on différera de la leur rendre par cette raison même qu'ils sont fâchés. On leur dira : Quand la privation de la liberté ne vous fera plus rien, alors nous vous la rendrons.

Il semble vraiment qu'on parle à des enfants! « Quand tu ne demanderas plus ce gâteau, je te le donnerai. »

Pour moi, je répondrai au gouvernement ou à la majorité qu'il représente : « Faites-moi le plaisir d'exécuter honnêtement notre contrat. Je me suis engagé à ne pas vous imposer ma volonté par la force; mais vous, vous êtes obligé à me laisser liberté entière de pensée et d'expression.

« Où prenez-vous que je suis obligé de quitter

mes opinions pour prendre les vôtres, d'abandonner mon parti, à supposer que j'en aie un, et de me ranger avec vous, sous peine d'être privé de ce qui est à moi?

« Je crois que vous faites une confusion d'idées bien étrange. Ce principe que la souveraineté appartient à la majorité, vous l'entendez en ce sens que la souveraineté appartient à la majorité de telle année, de tel jour; ce qui est précisément le contraire, je vais vous le démontrer en quelques mots.

« Le peuple français, appelé à se choisir un gouvernement, a voté, je suppose, le 1er mai 1999, pour X, souverain constitutionnel. Ceux des Français qui étaient partisans de Z, représentant la souveraineté absolue, dite légitime; ceux qui étaient partisans d'une république, s'inclinent devant le vœu de la majorité. X gouverne; il fait des fautes, chose toujours possible, aisée même à un souverain. Un certain nombre de citoyens se détachent de son parti, vont grossir celui de Z. De nouvelles générations arrivent, avec des tendances qui les portent à Z. Cela forme un grand courant d'opinions qui peu à peu, un à un, enlève à X le reste de ses partisans. A la fin, de l'ancienne majorité il ne subsiste plus personne, il ne subsiste plus que l'étiquette, je veux dire le gouvernement qui jadis fut son expression, et cependant le gouvernement continue à crier aux partis : « Venez à moi, rangez-vous à la majorité ; vous n'aurez la liberté que quand vous serez rentré dans l'ordre. »

Voyez-vous par cet exemple extrême où votre manière d'entendre le principe des majorités peut conduire ? Justement à méconnaître le principe. Il était convenu que la majorité gouvernerait, que le pouvoir suivrait la majorité ; et voilà que c'est au contraire la majorité qui est tenue de suivre le pouvoir ! Il faut ou qu'elle se conforme au gouvernement, ce qui est la subversion complète des rôles, ou qu'elle se passe de la liberté !

Dès qu'on décide que la minorité sera obligée de se ranger à l'avis de la majorité, la majorité elle-même n'est plus rien, et c'est le gouvernement qui est tout ; la majorité est enchaînée au pied de cet être qu'elle a créé.

En effet, comment les majorités changent-elles d'avis ? Elles se convertissent peu à peu, individu à individu ; à chacun de ses membres le gouvernement peut dire, et ne manque pas de dire : « Tu es la minorité. » Il aurait en face de lui la majorité tout entière, l'unanimité, qu'il le lui dirait encore, parce que l'unanimité elle-même se présente forcément sous l'apparence d'individus isolés.

On me répondra : « Mais un jour viendra, un jour de vote, où la majorité fera connaître qu'elle est passée d'un autre côté ; alors le gouvernement devra faire ce qu'elle commandera ! » Et s'il n'y a pas eu de jour marqué pour la manifestation d'un retour possible ; si la majorité a eu l'imprudence d'interdire à ce qui était alors la minorité l'expression de certaines opinions, que fera-t-elle ? Elle se trouvera prise dans les liens qu'elle même a forgés. C'est justement l'hypothèse dans laquelle nous raisonnons.

La majorité ne peut pas me refuser la liberté sans se l'ôter à elle-même ; elle ne peut pas m'asservir sans qu'elle s'asservisse en même temps.

Tout ce que vous reconnaissez à la majorité en fait de droit de dire ou de faire, il faut que vous me l'accordiez à moi, sous peine de vous contrecarrer.

La majorité ayant incontestablement le droit de tout changer, même la forme du gouvernement ; ayant à plus forte raison le droit de la discuter, de la critiquer, il faut d'abord que j'aie ce droit-là, « Quoi, vous voulez qu'on puisse contester le principe de l'hérédité sous un prince héréditaire, qu'on puisse louer la république sous un empereur, et réciproquement! » Sans doute ! La majorité n'est-elle pas maîtresse d'abolir l'hérédité si elle veut, maîtresse de changer un empire en république, une république en empire ? Vous ne nierez pas cela, je pense. Eh bien, quoi ? Si la majorité peut faire ces changements, il faut bien qu'elle puisse en parler un peu avant de les faire, débattre un peu les choses avant de les résoudre. Voudriez-vous que la majorité prît sa décision sans en avoir soufflé mot ? Mais peut-être croyez-vous que les individus dont se compose toute majorité peuvent parler tous ensemble par une bouche unique, générale, et reconnaissable pour être celle de la majorité ? Je suis obligé de vous dire qu'il n'en est rien. Force est que la majorité s'exprime par des individus ; elle ne peut pas autrement, n'ayant pas de bouche à elle. Je sais bien que cette vérité surprenante confondra des politiques très-profonds, très-forts ; c'est pourtant comme cela : on n'a jamais vu la bouche de la majorité ! Ce qui fait qu'on ne peut pas imposer silence aux individus sans s'exposer à imposer silence à la majorité même.

Ainsi je dois avoir d'abord toute liberté de *proposition*.

II

Je dois avoir aussi toute liberté *d'appréciation.*

On me dira « que je suis bien libre d'apprécier, de critiquer les actes du gouvernement, à condition de ne pas le faire avec passion, injustice ou insulte. » Je réponds que c'est comme si on ne m'accordait aucune liberté.

Il n'y a rien de tel que de diviser une question pour la résoudre.

On peut apprécier les actes du gouvernement, ou les rapporter, ou chercher à induire ceux qu'il fera ; on peut encore, et c'est là ce qui arrive le plus souvent, faire ces trois choses dans un même article.

Si j'apprécie, il faudra selon vous que je sois juste, point passionné, sinon je serai puni. Cela vous paraît tout simple que je sois astreint à une équité constante, tout simple que je sois obligé de n'avoir pas de passion !

Si j'expose les faits, il faudra que je sois constamment exact, sinon je serai puni. Il ne m'est pas permis (j'écarte pour le moment le cas de mauvaise foi) d'être mal renseigné, de savoir mal, ou de ne pas savoir tout; d'être crédule, hasardé, oublieux. Je ne dois pas donner aux faits une mauvaise tournure, une couleur un peu plus sombre qu'ils ne comportent. Si je les ai vus réellement ainsi à travers ma passion, mes opinions, tant pis pour moi. Je n'avais qu'à dépouiller mes opinions et à regarder les choses du même œil que celui qui les a faites : quoi de plus simple encore?

Si, rendu défiant par les fautes commises, je crois voir le gouvernement près d'en commettre de nouvelles, et si je le dis, je serai puni, le gouvernement eût-il réellement les projets que je lui prête et dussent ces projets paraître dès le lendemain de ma condamnation ?

Et vous trouvez encore cela tout simple !

Ainsi constamment équitable, impartial, parfaitement exact, sans passion ou au-dessus de la passion, point défiant, point soupçonneux, et toujours d'une parfaite mesure dans les termes (j'oubliais cela), voilà ce qu'on me demande. Rien que cela !

« Vous voulez écrire dans un journal, soit. Dépouillez la nature humaine, soyez parfait. Là, y êtes-vous ? A présent vous pouvez écrire sans crainte. » Et ceux qui gouvernent, messieurs, sont-ils aussi obligés à être plus que des hommes, a être parfaits? Les met-on à l'amende et en prison quand ils sont malavisés, imprudents, mal instruits des choses, conduits par la passion, par la vanité ou l'orgueil personnel? Vous secouez la tête, ils ne sont pas parfaits dans leur métier; eh bien, souffrez que je ne le sois pas dans le mien!

Me reconnaître le droit de juger les actes du gouvernement à la condition d'une constante justice, d'une parfaite justesse, d'être strictement exact et de n'avoir pas de passion, c'est me le retirer en fait. Sérieusement est-ce être libre d'écrire, que d'être obligé en écrivant à une perfection qu'on ne peut pas avoir?

Vous me direz qu'en fait on ne punit que les excès véritables. D'abord ce point est contestable, et je le conteste. Puis on pourrait punir comme excessifs, si l'on voulait, tous les articles; je dis les articles bien faits et qui touchent les questions à fond, parce qu'aucun ne remplit les conditions de parfaite exactitude, justice et mesure qu'il est dans l'esprit de nos lois de demander à la presse.

Il est impossible de faire le métier de journaliste de manière à ne jamais donner prise. Aucun écrivain, avec la volonté la plus ferme d'être juste, exact et mesuré, ne peut se dire, après un article: En voilà un qui ne m'enverra pas en prison.

Et personne n'oserait parier une grosse somme là-dessus. En fait donc, si on ne punit pas tous les journalistes et à chaque fois, c'est qu'on ne le veut pas; car avec nos lois telles qu'elles sont faites, tous seraient punissables légalement, et c'est justement là ce qu'on peut appeler la *tolérance* de la presse, — le contraire de la liberté.

Quand même je serais parfaitement juste, parfaitement exact, parfaitement mesuré, je ne serai pas encore à l'abri; il ne suffit pas que je sois tout cela réellement, il faut que je le paraisse aux yeux du gouvernement, ou il me traduira devant la justice; et une fois traduit, j'ai quelque chance d'être condamné, on en conviendra. Le gouvernement est-il si fort au-dessus de la nature humaine qu'il sente toujours la justice des reproches justes?

Il faut en sus que le gouvernement ne fasse pas de grosses fautes ni d'abus graves, car s'il est trop maladroit ou trop malhonnête, plus je serai juste, plus je serai sévère; plus je serai exact, plus je serai accablant. On m'accusera d'exciter à la haine et au mépris du gouvernement, et ce sera vrai. Comment pourrait-on faire pour ne pas exciter à la haine et au mépris en divulguant des faits haïssables et méprisables?

Quant à la mesure dans l'expression, si j'ai à

juger des vilenies ou des sottises, l'expression paraîtra manquer de mesure d'autant plus qu'elle sera plus précise et plus appropriée.

Que le gouvernement entre dans une mauvaise veine, ce qui peut toujours arriver; qu'il s'engage dans une entreprise dommageable au pays; ou les journalistes n'en parleront pas, ou, s'ils en parlent, chaque jour ils pourront être condamnés, et très-légalement, car certainement ils exciteront le mécontement public; ou, comme on dit devant les juges, ils exciteront à la haine et au mépris du gouvernement.

La situation du journaliste est singulière. Les chances de condamnation augmentent pour lui non à proportion de ses démérites, mais à proportion de ceux du gouvernement.

On ne suppose jamais que le gouvernement peut être mauvais, très-mauvais, ce qui est pourtant fort possible. Qu'arrive-t-il alors? C'est que si je veux exercer mon droit, faire mon devoir, juger avec une juste rigueur le gouvernement, je serai condamné à chaque instant. Le métier deviendra tout à fait impossible au moment où il serait le plus nécessaire.

III

« Cependant si vous injuriez ! » Eh bien, quoi ? Si j'injurié, tout le monde me dira : « Vous avez tort ; vous compromettez votre cause, vous gâtez votre affaire. Soyez modéré, calme, et le public vous écoutera. Le raisonnement, le sang-froid, la mesure, donneront à vos griefs, justes d'ailleurs, un poids accablant. » Et tout le monde aura raison. Mais cela n'empêche pas tout le monde de dire d'autre part : « Si vous injuriez, vous serez puni ; et ce sera bien fait, car il faut que le gouvernement se défende. » Mais, messieurs, si, comme vous dites et comme il est très-vrai, les bonnes raisons sont plus fortes que les mauvaises, et la modération plus redoutable que la violence, c'est la modération que le gouvernement a le plus à craindre et dont il a le plus intérêt à se préserver ; c'est la modération qu'il faut punir, et laisser passer les injures vaines. Que répondrez-vous à cela ?

Il n'est pas du tout nécessaire au salut du gouvernement que les injures soient punies, et il est fort dangereux pour mon droit qu'elles le soient ; car il en est pour la convenance du langage comme pour la justice, l'exactitude des appréciations ; dès qu'il faut de la convenance à un degré quelconque sous peine d'être puni, c'est une affaire faite ; la barrière est rompue, le gouvernement est entré dans mon droit, il en est maître, parce qu'il est impossible de voir la ligne précise où commence l'inconvenance. Le gouvernement la reculera jusqu'à l'entrée de la carrière, s'il est fort, s'il est appuyé sur l'opinion publique ou sur une magistrature dévouée. Rien n'est plus variable et plus relatif que l'injure. Sous la restauration, on insultait le gouvernement si l'on osait dire que peut-être un régicide n'était pas un scélérat achevé. Que dis-je ? on put voir un homme condamné pour avoir appelé son cheval Cosaque. Les Cosaques ayant aidé de leurs lances la restauration de Louis XVIII, appeler son cheval Cosaque, c'était insulter un peuple ami et... le gouvernement.

IV

« Vous demandez grâce aussi, sans doute, pour le parti pris, pour la mauvaise foi? »

Connaissez-vous beaucoup de gens qui ne portent de la partialité, de la mauvaise foi dans leur critique, au dire de celui qui est critiqué ? Nous en sommes tous là ; nous pardonnerions tout à l'adversaire, s'il n'était pas de mauvaise foi, mais voilà le diable ! toujours il est de mauvaise foi. Avez-vous trouvé une pierre de touche sur laquelle vous puissiez essayer la sincérité des gens ?

— « Faudra-t-il permettre aussi la calomnie ? »

Je n'y vois aucun inconvénient — si ce n'est pour le calomniateur.

Mais enfin je vais vous faire une concession considérable.

Tenez-vous à toute force à punir la calomnie ? Eh bien, soit. Définissons d'abord la calomnie, puis nous verrons quelle peine nous pourrions lui infliger. Cela va m'obliger à faire une loi sur la presse, alors qu'à mon sens la vraie loi serait qu'il n'y en eût pas du tout.

Art. 1er. La calomnie est l'imputation d'un *fait faux*.

Je crois que cela est assez clair. A présent, voyons quelle peine nous édicterons.

Un homme impute à un autre homme une action qu'il n'a pas faite, et lui cause, par là, un désagrément ou un dommage. Il peut être tenu à le réparer. Quel sera le genre de la réparation ? Il faut considérer attentivement quel est le genre du dommage.

L'homme à qui le fait a été imputé en a été abaissé dans l'opinion de ses concitoyens; que pouvez-vous lui offrir? De le rétablir dans cette opinion. Toute autre réparation ne correspondrait pas au dommage éprouvé. Allez-vous, par exemple, lui donner de l'argent? Ce serait absurde. D'autre part, vous voulez punir la diffamation. Il faut aussi que la peine corresponde au méfait. Le condamnerez-vous à la prison? La prison se comprend pour un voleur, pour un assassin dont la société redoute l'activité, car la prison l'empêche d'agir; elle ne se comprend pas pour un homme qui est dangereux par la langue ou par la plume, parce que, à moins de le maintenir au secret, la prison ne l'empêchera ni de parler ni d'écrire.

Le public sent cette disconvenance. Dès que l'écrivain est en prison, il cesse de le blâmer; souvent même il le loue pour une absurdité qui, impunie, l'aurait révolté, qui même l'avait révolté tout d'abord. Infligerez-vous une amende? Ce genre de peine n'a non plus aucun rapport avec le délit. L'amende conviendrait si l'écrivain avait diffamé pour de l'argent; parce qu'alors elle le punirait par où il a péché; mais le plus souvent c'est la jalousie, la haine, le fanatisme politique ou eligieux, ou quelque autre passion de ce genre qui l'a poussé hors des bornes. Comment donc le punirons-nous? La manière m'en semble toute tracée. Le tribunal déclarera que le fait imputé est faux : notre homme a voulu abaisser son adversaire, il a menti dans ce dessein. Sa punition sera de voir l'adversaire relevé plus haut qu'il n'était auparavant, car c'est l'effet de toute accusation dont l'injustice est prouvée, et, en second lieu, de descendre lui-même dans l'opinion publique. Voilà le seul châtiment raisonnable; je m'explique mal, voilà le seul moyen par lequel on puisse arriver à punir *peut-être* un délit de ce genre.

Je dis peut-être, parce que les juges n'ont pas en ceci le pouvoir de punir, si le public ne ratifie pas leur sentence. On commence à voir que la presse n'est punissable que par l'opinion; mais il faudra encore du temps pour que tout le monde sente cette vérité si simple.

En effet, si le public ne ratifie pas le jugement du tribunal, ce jugement, au lieu d'être une punition, sera un triomphe. C'est pour cela, direz-vous peut-être, qu'il faut que le tribunal puisse au moins condamner à la prison, à l'amende. Alors, en effet, le procès fait à l'écrivain ne sera pas pour lui un pur bénéfice. Il se trouvera avoir acheté de la popularité, ou au moins de la célébrité, avec un peu de sa liberté, ou un peu de son argent. C'est souvent un excellent marché. — Toujours est-il que le profit est moindre, répondrez-vous, que s'il ne payait ni de sa personne ni de sa fortune. — Moindre, oui; mais plus sûr : dès qu'on envoie l'écrivain en prison ou qu'on lui prend son argent, il est presque infaillible que le public lui pardonne *sa faute*, quand faute il y a, et qu'il le comble de marques d'intérêt, s'il est innocent. Avec ce système, l'écrivain gagne au moins autant d'un côté qu'il perd de l'autre. Le pis qui puisse lui advenir, c'est que les choses se balancent à peu près, et qu'il reste impuni tout sec, sans rien de plus. — Vous admettez donc la preuve du fait imputé? — Assurément. — Et si le fait est vrai, les tribunaux ne séviront pas? — Assurément non. — Alors ma vie privée ne m'appartient plus; elle appartient à tout le monde, au premier journaliste qui voudra la prendre? — Pourquoi non? Si c'est un fait répréhensible qu'on vous reproche, tant pis pour vous : il ne fallait pas le commettre. Si c'est un fait innocent en soi, on ne vous cause aucun tort; loin de là, en vous poursuivant avec haine, on vous suscite des sympathies, n'en doutez pas. Si c'est simplement une action ou une aventure ridicule, on se moquera de vous un instant ; mais, pour peu que votre détracteur insiste, on vous plaint, et on le déteste, parce que chacun se sent menacé d'avoir son tour. Je ne dis pas que la liberté laissée à tous de vous ridiculiser publiquement n'ait pas quelque inconvénient passager ; mais il y en a de bien plus graves à détruire cette liberté. Vous trouvez insupportable qu'on touche du bout du doigt votre vie privée ? Et tous les jours vous voyez, sans vous émouvoir, mettre à sac la mémoire d'hommes qui valaient cent fois plus que nous deux assurément — *Mais ces gens-là sont morts*, *Sire;* on peut les dépecer sans qu'ils sentent rien ; tandis que je sens, moi, et voilà pourquoi je crie. — Permettez ! Quelques-uns de ces grands hommes ont laissé des fils, des descendants. Si la biographie de leur aïeul les fâche, s'ils demandent que les biographes soient condamnés sans pouvoir faire la preuve, que leur répondrez-vous ? Les descendants du grand homme seront-ils écoutés ? Alors l'histoire est impossible. Ou bien ne fera-t-on l'histoire qu'à mesure que la descendance de ses anciens acteurs s'éteindra, et à condition qu'elle s'éteindra. C'est une difficulté ridicule. Il n'y a pas que l'histoire qui devient impossible ; la critique artistique, littéraire, scientifique, politique, etc., le devient aussi. La loi qui vous protége, vous simple particulier, et empêche qu'on ne se moque de vos travers, de vos aventures, permettra-t-elle qu'on ridiculise les artistes, les savants et les autres hommes publics? permettra-t-elle qu'on dise, à mots plus ou moins couverts : M. X. est un fou, est un imbécile; il veut passer pour savant et ne sait rien? Etc., etc. Croyez-vous que d'être dénoncé publiquement comme une bête ne soit pas chose désagréable ? C'est pourtant ainsi qu'on traite chaque jour une foule de gens distingués; c'est ainsi qu'on récompense souvent un travail obstiné, des recherches opiniâtres, des études pénibles. J'observe que cela ne vous paraît pas autrement scandaleux, ni à vous ni à bien d'autres. Généralement le bourgeois se chagrine peu qu'on vilipende les hommes qui d'une manière ou d'autre sont sortis des rangs ; il semble croire que ces sortes de désagréments sont la peine à peu près due à la supériorité d'esprit. Mais le bourgeois fait rage dès qu'on touche à quelqu'un de son troupeau. Remarquez, s'il vous plaît, que, pour une pauvre fois que l'abus de la plume tombe sur un bourgeois, le monde des lettres, des artistes, des savants, est cent fois éprouvé. Ceux qui manient la plume sont les plus maltraités par la plume : c'est parmi les canonniers que l'artillerie exerce presque exclusivement ses ravages. Vous pouvez voir cependant que les savants, les auteurs en général, ne demandent pas qu'on supprime la liberté de la critique. Non, ils savent que le blâme, la moquerie, doivent être supportés avec résignation et patience, comme la contradiction, comme l'indifférence, comme l'ennui et toutes les autres conditions inséparables de l'existence. Je ne connais, en cette matière, qu'un principe qui soit vrai, simple et de facile application, c'est celui-ci : La vérité en tous genres appartient à tous ; aucune vérité n'est défendue ; il n'y a de défendu que le mensonge. Hors de là on ne rencontre que difficultés inextricables, impossibilité de marquer les limites précises et de s'y tenir.

Conclusion : Il ne faut pas de loi particulière sur la presse. Toute loi sur cette matière est dangereuse et conduit à des résultats ridicules. Je vous avais concédé, il est vrai, la punition de la calomnie ; mais je dois vous avouer que c'était uniquement pour avoir lieu d'exposer certaines idées sur la convenance nécessaire des peines aux délits, idées aujourd'hui tout à fait méconnues.

La faculté de répondre à la calomnie doit suffire.

Quant aux crimes commis sous l'excitation de la presse, les seules dispositions raisonnables qu'on puisse prendre contre la presse sont contenues dans l'article 60 du Code pénal, qui règle les conditions de la complicité.

CHAPITRE VII

I

Le lecteur a sans doute remarqué que j'ai bien peu parlé jusqu'ici du droit de réunion. J'en dirai à présent quelques mots; quelques mots suffiront, parce que bien des raisons que j'ai données pour la liberté de la presse s'appliquent à celle-ci, je ne pourrais que les répéter; et puis ce droit a été bien moins attaqué, par cette cause qu'il n'a jamais été pratiqué chez nous.

Le droit de réunion est bien heureux de n'avoir pas été pratiqué; on nous prouverait aujourd'hui que les révolutions de 1789, de 1830 et de 1848 n'auraient pas pu avoir lieu sans lui.

On se rabat à dire, il est vrai, que dans le cours de notre grande révolution, après 1830, après 1848, on a dû interdire les clubs à cause des grands malheurs qu'ils allaient causer. On le voit, les adversaires de la liberté ne sont pas embarrassés : quand ils ne peuvent pas dire qu'une liberté a fait du mal, ils démontrent au moins qu'elle allait en faire.

On donne pour preuve les discours violents, les motions incendiaires qu'un grand nombre d'orateurs, avec plus ou moins d'éloquence, ont prononcés dans ces clubs. Il n'y a qu'une chose à répondre : Les clubs n'ont existé chez nous que dans des temps de trouble, où les esprits surexcités n'agitaient que des résolutions extrêmes et des pensées de violence. Les hommes portaient naturellement dans les clubs l'exaltation et la fougue qui régnaient dans les rues, dans les réunions privées, partout.

Vous voudriez que les hommes du mois de mars 1848, par exemple, tout enfiévrés de crainte ou d'espérance, eussent, en entrant dans une salle de club, déposé à la porte le tempérament de l'époque, du jour ; que, tranquilles, sereins, insensibles à l'électricité ambiante, ils eussent discouru en hommes, en sujets du mois de juillet 1868 ! En effet, cela eût été curieux, original. Mais quoi ! les hommes de 1848 n'y ont pas songé !

Qu'on nous donne aujourd'hui la liberté de réunion, si les orateurs se mettent sur le pied de parler comme en 1848, cela m'étonnera. Je pense qu'ils y porteront les mêmes préoccupations et la même température, pour ainsi dire, qu'ils ont dans la rue, où s'ils s'échauffent un peu dans les commencements et dans la nouveauté de la chose, je crois que l'usage, l'habitude, auront bientôt fait d'émousser le vif de leurs impressions. Mais non, on attendra, pour faire cette expérience, un temps troublé, orageux; et encore ne la continuera-t-on pas assez longtemps pour qu'elle soit concluante! En France on n'essaye d'apprendre à nager que quand la tempête soulève les flots; on se met un peu à l'eau, et puis on s'en retire en disant: Il n'y a pas moyen de nager, cela fait des vagues.

II

Les clubs, les meetings, les réunions politiques ont sur les journaux des avantages très-considérables. Peu de personnes concourent à la rédaction des journaux, relativement au nombre de celles qui participent aux réunions. Puis les réunions permettent surtout aux classes populaires de s'exprimer. Le peuple n'écrit pas dans les journaux; il peut, il est vrai, s'associer à leurs opinions en s'abonnant; mais que de gens sont encore trop pauvres pour se payer le luxe d'un journal. Il n'en coûte rien ou presque rien pour faire partie d'une réunion. L'adhésion qu'on donne à un orateur par ses applaudissements, ses vivats, est une expression plus claire, plus nette en tout cas que l'action de prendre un abonnement. L'homme du peuple ne se contente pas toujours de s'expliquer par des vivats : il parle, il fait des motions, il dit quelques mots. Il n'est guère de personnes qui ne soient capables de parler, tandis que le talent d'écrire, même passablement, est relativement rare. Le droit de réunion est par ces raisons-là un instrument plus précis que la presse pour exprimer l'opinion du peuple.

Les réunions atteignent et mettent en mouvement ceux que la presse ne touche pas : les ignorants, les illettrés, les esprits engourdis et paresseux. On entre volontiers dans une réunion ; une fois là, on n'a qu'à ouvrir l'oreille ; si l'on ne comprend pas, on a la ressource de questionner l'orateur, ce qu'on ne peut pas faire avec l'écrivain. D'ailleurs l'orateur ne parle pas le langage condensé, peu explicite, du journaliste ; la parole permet des redites, des explications, des retours que le style écrit ne souffre pas. L'orateur prend plus aisément le ton convenable à son auditoire, au besoin il se sert de son dialecte et lui parle son patois. Le droit de réunion est un droit essentiellement démocratique. Le droit de réunion serait en ce moment beaucoup plus utile au peuple que la liberté de la presse. Il ferait promptement l'éducation politique du peuple français, qui a tant besoin d'éducation, quoi qu'en puissent dire ses courtisans.

Le peuple, une fois éveillé au désir de savoir ce qui le touche, sentirait le besoin d'apprendre à lire, puis lirait autre chose que de la politique. Dans les pays protestants, le paysan apprend à lire par religion, pour lire la Bible. Chez nous, le paysan n'en fera jamais autant pour lire son livre de messe. Il faut que la politique supplée la religion.

Les réunions ont encore un autre avantage. La presse répand les nouvelles, les idées ; elle peut faire des propositions. Mais, dès qu'on veut agir avec concert, il faut se réunir ; ce n'est que dans les réunions qu'on peut convenir avec précision de ce que chacun fera. Outre qu'on arrête dans les réunions les mesures à prendre et la part d'exécution qui revient à chacun, il s'y dégage une chaleur qui réchauffe l'inertie, la paresse naturelle des hommes.

III

Est-il permis de régler un droit si précieux? Pas plus que le droit d'écrire ; régler, c'est toujours défendre indirectement. Si l'on entre dans cette voie, il n'y a pas de raison..., que dis-je, il y a des raisons qui obligent de le défendre nettement et absolument.

« Mais si une réunion, une société *menace* la sécurité publique! » Je vous répondrai en vous renvoyant à ce que j'ai dit du système de la prévention : On *punit* les faits délictueux ou criminels ; on ne *punit* pas ce qui est encore à faire. « A ce compte tout gouvernement devient impossible. » On gouverne bien en Angleterre et en Amérique avec la liberté de réunion. Ceux qui prétendent ne pouvoir pas gouverner la France aux mêmes conditions n'ont qu'à se retirer. Il n'est pas plus permis aujourd'hui de gouverner une nation comme la France suivant l'ancienne méthode qu'il n'est permis de faire la toile avec l'ancien métier. Les gouvernements doivent se mettre au pas du progrès comme les fabriques. — « La France n'est pas l'Angleterre, » — c'est-à-dire que le peuple français est très-inférieur en raison, en sagesse, au peuple anglais. Si c'est faux, voilà une grave injure à la nation; si c'est vrai, humilions-nous devant l'Angleterre. Quel avantage pourrions-nous avoir sur les Anglais qui ne fût effacé par cette infériorité capitale? Sans la raison, sans la modération, on n'est point homme: les Anglais seraient des hommes et nous pas.

Si nous manquons de raison, il faut nous retirer le vote universel; mais alors le gouvernement issu de ce vote n'a plus qu'à donner sa démission et à céder la place à la monarchie de droit divin; cela est obligatoire. Je ne connais pour un gouvernement que deux titres possibles : il faut qu'il invoque la volonté du peuple ou celle de Dieu.

Il est absurde qu'on permette à un peuple d'imposer sa volonté par le scrutin et qu'on lui défende d'éclairer sa volonté par la délibération. Dire à chaque homme : Tu décideras, mais tu décideras avec toi-même et sans te concerter avec tes voisins, c'est la contradiction la plus étrange.

IV

La loi actuelle sur les réunions peut se résumer en quelques mots. Les réunions, mais les réunions accidentelles seules, n'ayant aucun caractère politique, sont permises. Les citoyens peuvent se mettre en train et préparer une réunion sans avoir besoin d'en demander la permission. L'administration, d'autre part, peut défendre la réunion. Vous me demanderez : Mais alors, qu'est-ce que cette loi accorde aux citoyens? Je vais vous le dire : elle leur accorde la faculté de se mettre toujours en train ! Au reste, sauf pour une occasion et pour un court intervalle de temps, les réunions politiques n'ont lieu que si l'administration les permet ; elles sont défendues en principe. Les réunions régulièrement réitérées sont encore bien plus défendues, si c'est possible.

Ainsi voilà la situation : mes mandataires, qui ont toujours besoin à coup sûr d'être surveillés, soit dit sans leur faire injure, et que je ne puis surveiller et reprendre efficacement qu'en me concertant avec mes concitoyens, décident, quand je veux former une réunion pour cet objet, si la réunion doit avoir lieu ou non. C'est très-bien ordonné. Je voudrais voir les gérants d'une compagnie de chemins de fer maîtres de décider quand et comment les actionnaires se réuniront pour leur demander des comptes, à eux gérants. Ce serait aussi sensé.

Le gouvernement me dit qu'il se défie de ma sagesse; c'est pourquoi il ne me permet pas de le surveiller. Comment donc faire, messieurs? Car moi je me défie autant de la vôtre, et je tiens beaucoup à vous surveiller. Vous n'êtes pas payés pour avoir confiance, dites-vous; et moi, messieurs, le suis-je? « Ma défiance vous insulte; » et la vôtre, messieurs, ne m'insulte-t-elle pas? Mais c'est assez discuter sur ce ton, et même trop. Je n'ai qu'une chose à vous dire : Quand la réunion que j'aurai formée aura causé quelque tort à quelqu'un, vous la traduirez devant les juges; quand elle aura, je ne dis pas menacé, mais troublé positivement la paix publique, vous la traduirez encore. On *punit* ce qui est fait, on ne *punit* pas ce qui est encore à faire; j'ai assez insisté sur cette banalité de morale.

« Mais la société a droit de défendre ce qui menace la sécurité publique. » Je ne connais rien pour ma part de plus menaçant que cette faculté de prohiber ce qui *menace*, surtout quand je considère qu'elle est entre les mains de l'être menaçant par excellence, c'est-à-dire du gouvernement (1).

(1) C'est dans la discussion de cette loi qu'il s'en est dit de si bonnes ! Comme un membre de l'opposition faisait remarquer que pour former une réunion dans une commune il faut avoir la garantie de sept citoyens de la commune, et demandait : « Qu'arrivera-t-il si l'on ne trouve pas ces sept citoyens ? » M. Buffet, si je ne me trompe, a répondu : « Eh bien, on ne se réunira pas ; une commune a bien le droit de n'avoir pas de réunions ! » On dit que ce trait a déridé un instant tous les spleeniques de l'Angleterre ! — J'espère qu'on en viendra à dire : Une commune a bien le droit de n'avoir pas de journal ; elle a bien le droit de n'avoir pas de conseil municipal ; elle a bien le droit de n'avoir pas d'élections. Que de droits on pourrait lui accorder dans ce genre ! Je voudrais voir refaire sur ce pied la déclaration des droits de l'homme ; ce serait un bien joli monument !

Dans la même discussion on a dit (ou plutôt répété, car cela avait déjà été dit au sujet de la loi sur la presse), on a dit deux choses : 1° Le paysan est un sage, un esprit clairvoyant qui nous juge ; 2° Le paysan est si peu maître de lui, il se possède si peu, qu'il est bon que le gouvernement prenne toutes sortes de mesures ingénieuses et compliquées afin de le garantir contre la séduction, l'erreur et la passion. Ainsi, par exemple, il est utile que toutes réunions soient défendues cinq jours avant les élections, afin d'obliger le paysan à se recueillir, à réfléchir un instant ; sans cela il courrait au scrutin comme un étourdi, comme un fou. — Je ne me charge pas de résoudre ces sortes de contradictions.

CHAPITRE VIII

I

Je trouve que les défenseurs de la liberté de la presse l'ont quelquefois bien piètrement défendue; ils y ont mis souvent un air de honte, d'embarras, qui me choque. Nous convenons, disent-ils, que notre cliente a des défauts graves, mais son existence est nécessaire. Avec tous ses excès, elle prévient des excès plus grands; voilà pourquoi nous ne demandons pas, comme vous, qu'on la supprime, car d'ailleurs, comme vous, nous pensons qu'elle n'est point parfaite, tant s'en faut. — Elle n'est point parfaite! Y a-t-il donc quelque chose d'humain qui soit parfait? A-t-on vu jamais pareille aberration, de demander que les hommes, en parlant, en écrivant pour le public, soient exempts de l'erreur, de la passion, de la légèreté qu'ils portent dans tous leurs actes, de demander qu'en ces occasions-là ils cessent d'être hommes?

Qu'on soit encore obligé de dire que les hommes ont droit de parler et d'écrire pour le public, malgré la probabilité qu'ils céderont à l'erreur, à la partialité, là, comme dans leurs discours ou leurs écrits privés; qu'on soit contraint de réfuter une opinion qui approche de la niaiserie, c'est un signe de la jeunesse du monde et de la puérilité persistante des gens graves.

II

Essayons de reconnaître avec précision ce que c'est que la presse, quel est son usage, quelle est son efficacité, à quoi tient sa force.

La presse, c'est tout simplement la nation. Je sais que cette vérité de La Palisse semble un paradoxe scandaleux à une foule d'honnêtes gens; cela prouve que les honnêtes gens ne sont pas toujours des gens réfléchis.

Je demanderai à ces honnêtes personnes : Y a-t-il une classe de Français qui écrive les journaux à l'exclusion des autres classes? Non. Tout le monde peut écrire dans les journaux, et, à bien l'entendre, tout le monde y écrit. En effet, si l'on comptait tous les hommes vivants qui ont fait du journalisme peu ou prou, on verrait qu'ils forment une masse considérable où toutes les conditions, tous les âges, toutes les fortunes, toutes les variétés de la famille française sont représentés. Cette masse sera donc regardée, à bon droit, comme une réduction à peu près fidèle de la France intelligente. Si dans cette masse vous voulez comprendre encore ceux qui publient des livres et des brochures, et je crois qu'il faut le faire, parce que les trois quarts du temps sous le terme de presse on entend aussi les brochures et les livres, la proposition que j'énonce sera encore plus vraie.

Un livre peut avoir un grand succès, atteindre un grand nombre d'éditions, sans que le public partage entièrement les idées de l'auteur; c'est certain. Il faut faire ici la part du talent, du scandale même. Toutefois un livre qui choquerait tout à fait l'opinion publique ne se vendrait pas. Mais un journal ne saurait vivre, avoir un certain nombre d'abonnés, s'il ne trouvait pas tout d'abord dans le pays une fraction plus ou moins importante répondant à ses opinions. Ce n'est pas le journal qui fait le parti (encore moins peut-il le simuler), c'est le parti qui fait le journal. Qui n'a vu quelque part une réclame ainsi conçue : « Il y avait en France quarante mille pianos et pas un journal des pianistes ; notre feuille vient combler une lacune, etc. » Voilà justement l'affaire ! Le journal des pianistes est créé quand il y a un certain nombre de pianos dans le pays. Le merveilleux serait qu'on eût fondé un journal des pianistes avant l'existence des pianos, et pour faire croire à leur existence.

Dire que la presse représente la nation, c'est aussi simple que de dire : la consommation de trente mille pendules représente environ trente mille consommateurs de pendule.

Le lecteur a pu remarquer que j'ai dit à un endroit : c'est la réduction *à peu près* fidèle. En effet, il y a de l'à peu près.

Si la presse était tout à fait libre, elle serait exactement la nation. Mais, à l'heure présente, il y a des opinions réputées extrêmes, dangereuses ou immorales, qui ne peuvent pas se produire, ou qui ne se produisent que sous des formes ambiguës. Si donc la presse ne représente pas la nation tout entière avec une fidélité parfaite, ce n'est pas comme l'entendent les honnêtes gens dont j'ai parlé. Ils croient que la presse diffère beaucoup du public en ce qu'elle met dans ses opinions des audaces, des témérités, et, pour parler comme eux, une licence qui n'est pas dans le public ; ils croient que la presse diffère en plus, et, au contraire, si elle diffère, c'est en moins. Si elle n'est pas l'expression exacte de la nation, c'est en ce sens qu'elle est, non trop opposée au gouvernement, mais qu'elle n'est pas assez opposée.

Plus la presse est la presse, c'est-à-dire plus elle est libre, plus, je le répète, elle est la nation même.

III

Il faut prouver que la défiance qu'on montre envers la presse s'adresse réellement à la nation ; que les injures qu'on lui lance tombent directement sur le front du peuple français.

Résumons ce que disent les adversaires de la presse, dégageons nettement leur pensée foncière. La voici :

Le gouvernement fût-il excellent, le meilleur du monde, les journaux viendraient toujours à bout, à force d'exagérations, de mensonges, de soulever le peuple contre lui.

Analysons à présent cette pensée, pour en tirer et mettre à part chaque élément :

1° Les journalistes sont infailliblement des menteurs, des calomniateurs.

2° C'est le mensonge qui fait leur force; véridiques, ils seraient innoffensifs, et les gouvernements n'auraient qu'à dormir sur leurs deux oreilles.

Ne dirait-on pas d'abord que les journalistes sont dans le genre humain, dans l'espèce française, une variété particulière? Il n'en est rien cependant, et je ne pense pas que personne veuille le soutenir. Ce sont des hommes ordinaires, ni pires ni meilleurs. Si les journalistes, pris dans la moyenne de l'humanité française, sont essentiellement menteurs, est-ce donc que leur nature est pervertie par le fait, par la circonstance extérieure qu'ils écrivent dans un journal? Mais d'abord les auteurs de livres sont enveloppés dans la même défiance que les journalistes; les lois sur la presse, qui sont des monuments de cette défiance, les atteignent aussi; ils sont journalistes à cet égard. Il faut donc dire: Les Français deviennent menteurs dès qu'ils écrivent soit des livres, soit des articles de journaux.

Mais quoi, il est puéril de penser qu'un homme est subitement perverti dès qu'il touche une plume avec le dessein d'écrire au public. Il faut être raisonnable, si les écrivains français sont essentiellement menteurs, cela ne peut venir que de ce que la nature humaine, au moins la française, est essentiellement menteuse. Dès que les écrivains ne sont pas une race, une espèce à part, cette manière de voir les choses est forcée.

Poussons plus avant : les journalistes auraient beau être pervertis, ils auraient beau mentir, qu'ils ne parviendraient pas à causer le plus léger trouble (et on sait qu'ils causent au contraire des révolutions), si la nation n'était pervertie comme eux, si elle n'avait, comme eux, le goût du mensonge. On m'accordera bien ce point, je l'espère, que les journalistes et les écrivains, réduits à eux-mêmes, n'auraient jamais pu renverser un gouvernement appuyé sur trois ou quatre cent mille baïonnettes. Il faut nécessairement qu'une multitude de personnes aient adopté les mensonges et les calomnies des écrivains, qu'elles les aient même propagés et fait adopter à d'autres.

Vous allez voir combien vous vous trompez en disant : C'est la presse qui fait le mal, alors que vous devriez dire : C'est la nation. Quel est le gouvernement qui a manqué de journaux dévoués à sa défense? Aucun. En sorte que toujours, tandis qu'une *mauvaise* presse attaquait, minait le gouvernement, il existait à côté une bonne presse qui le soutenait, essayait de le réédifier à mesure. Vous dites, en pensant aux journaux de l'opposition : « La presse a toujours fait du mal ; » il serait tout aussi juste de dire, en pensant aux journaux du gouvernement : « La presse a toujours fait le bien. » — Mais, répondrez-vous, le mal voulu par les journaux de l'opposition a été effectivement opéré, tandis que le bien voulu par les autres journaux n'a pas eu de suite. — Fort bien, mais pourquoi ? — Parce que le public accordait exclusivement sa confiance aux mauvais journaux. — Eh bien, n'est-ce pas là justement ce que je vous disais? C'est le public, c'est la nation qui est coupable.

Mettons ce point tout à fait hors de doute. On parle toujours de la puissance de la presse, on ne songe pas que le gouvernement a toujours eu cette force à sa disposition et qu'il s'en est toujours servi. Comment donc, si la presse est si puissante, le gouvernement, avec la force de la presse en sus de sa force propre, a-t-il pu être renversé? — Ah ! c'est que la presse n'est puissante que quand elle est malfaisante, c'est-à-dire que le public ne lui donne autorité et force que quand elle ment. — Donc le public, la nation, a un goût inné pour le mensonge !

Ici je demanderai si la nation porte cette dépravation en tout; si, dans tous les ordres d'idées, elle délaisse la vérité et, par choix, embrasse l'erreur, ou si c'est seulement dans l'ordre des idées politiques.

La question est très-importante. Si la nation a l'esprit faussé d'un bout à l'autre, si elle est adonnée à tous genres d'erreur, il faut lui défendre absolument les spéculations, de quelque nature qu'elles soient. Il faut défendre sans distinction aucune les livres, les écrits périodiques; abolir les assemblées de toute nature, les académies, les tribunaux même; car enfin, que voit-on dans les tribunaux? des hommes qui parlent, qui débattent, et d'autres qui écoutent; c'est-à-dire des Français qui tâchent de faire prévaloir le mensonge, et d'autres Français qui l'adoptent de préférence à la vérité.

Si c'est seulement dans l'ordre des idées politiques que l'esprit français recherche l'erreur, on défendra seulement (mais absolument) les journaux, les revues, les brochures, les livres politiques; on abolira seulement les assemblées politiques, le Sénat, la Chambre des députés, qui sont autant de temples élevés au triomphe infaillible de l'erreur. On défendra encore, il est vrai, autant que faire se pourra, les conversations privées touchant la politique par deux raisons : 1° Que si le parole parlée à moins de puissance malfaisante que la parole imprimée, elle ne laisse pas d'en avoir encore pas mal ; 2° Qu'elle est plus menteuse et révolutionnaire que la parole imprimée, car on se donne plus de licence en parlant qu'en écrivant.

Insistons sur ce point : l'erreur parlée, colportée de vive voix dans les rues, dans les salons, a moins de chance d'être combattue, anéantie ; elle chemine plus lentement, mais plus sûrement, et, à la longue, elle peut, elle doit provoquer une révolution, comme le prouve assez, d'ailleurs, l'histoire des temps où il n'y avait pas de journaux.

J'oubliais la première mesure, la plus importante et la plus pressée : on abolira le gouvernement actuel fondé sur le consentement de ces Français qui ont le cerveau fêlé à l'endroit de la politique, et on aura soin de ne plus mettre au gouvernail un Français ; on priera un prince étranger de vouloir bien nous gouverner despotiquement, avec des ministres étrangers et un corps de fonctionnaires étrangers.

Mais il en est qui prétendent que la nature humaine est partout faite comme en France, que partout l'homme, placé entre la vérité et l'erreur, préfère l'erreur ; en ce cas il nous faudra un ange pour le gouvernement. A moins d'un ange, je ne vois pas de ressource. Il serait trop absurde de songer à remettre le pouvoir de tout décider entre les mains d'un homme qui, par nature, décidera le plus souvent pour l'erreur.

Les braves gens qui attaquent la presse ne se doutent pas qu'ils attaquent la nature humaine; que leurs accusations n'ont même de sens qu'à condition de les rapporter à la nature humaine. Ils ne savent pas qu'autrefois leurs ancêtres, les Prud'-hommes du passé, ne pouvant pas mettre les révolutions et les séditions au compte de la presse, qui n'existait pas, les attribuaient à la perversité naturelle des sujets, innocentant toujours et de tout les rois et les ministres.

Le langage des Prud'hommes anciens était plus clair et plus net, je ne dis pas plus raisonnable; mais je tiens pour sûr que, s'ils vivaient à présent, ils s'exprimeraient comme leurs petits-fils, de même que leurs petits-fils auraient, dans le temps, parlé comme leurs ancêtres. Au fond, les uns et les autres ont les mêmes idées, les mêmes sentiments; ce sont les mêmes types.

Il en est qui avouent franchement que c'est à

la nature humaine qu'ils en veulent; ceux-là sont les conséquents, les logiques de la troupe. Ils disent : « La presse est menteuse en effet, parce que la nature humaine l'est; et c'est pour cela justement que, sa perversité étant irremédiable, il faut abolir la presse. La vérité y aura toujours le dessous. » J'y consens; mais alors il ne faut pas s'arrêter en si bon chemin. Remarquez que toutes nos institutions, les tribunaux, les académies, tous les conseils, depuis le conseil municipal de la plus humble commune jusqu'au conseil des ministres, sont fondés sur la présomption que la vérité prévaut finalement dans l'esprit de l'homme. Que dis-je? Ce n'est pas seulement notre existence politique, mais notre existence sociale qui est encore basée là-dessus. Ne voyez-vous pas en effet que tous les hommes ne font autre chose tout le long du jour que communiquer ensemble, se consulter, débattre entre eux ou consulter les livres, les monuments anciens, c'est-à-dire écouter le témoignage des absents et des morts?

Si la nature humaine préfère le faux au vrai, qu'est-ce que tout cela? ce n'est rien autre chose que chercher laborieusement l'erreur. Abolissons toutes nos institutions, rejetons toutes nos sciences, inaugurons sur la terre le silence et la claustration!

Il faut cependant que nous ayons auparavant cherché et trouvé l'ange qui nous gouvernera despotiquement, qui nous régira jusque dans nos moindres desseins, jusque dans nos pensées les plus intimes.

Je ne sais pas, en attendant, de spectacle plus étonnant, plus contradictoire, plus absurde, que celui d'une société où l'on a assez de confiance aux hommes pour leur remettre le choix de leurs gouvernants, et où on n'a pas assez de confiance en eux pour leur permettre de conférer ensemble et de délibérer; une société où les gouvernants se vantent tout à la fois d'être les élus de la nation, et traitent en incapable, en mineure sans raison, sans sagesse, la nation qui les a élus.

Je me demande comment peut être fait l'esprit d'un homme qui admet pour tous la liberté absolue du suffrage et n'admet pas la liberté absolue de la presse, la liberté absolue de réunion. C'est vouloir la fin sans les moyens. « Messieurs, nous dit-on, vous allez décider toutes choses, seulement vous ne vous entendrez pas, vous ne débattrez pas les choses ensemble. La décision vous appartient, mais non la délibération, le concert. » Pourquoi pas nous dire aussi : Votez, mais sans réflexion!

IV

Les adversaires de la presse avancent qu'elle n'a de force que par le mensonge. Plus donc elle mentirait, suivant eux, plus elle serait puissante. Et comme le mensonge ferait son triomphe, elle ferait aussi le triomphe du mensonge.

Mon opinion est diamétralement opposée. A mon avis, la presse fait les affaires de la vérité, et elle n'a d'influence qu'à proportion de sa véracité. Sa force se compose uniquement de tout ce qu'elle dit de vrai. Les mensonges qu'elle ne peut pas manquer de débiter la discréditent et l'affaiblissent. Les adversaires de la presse ne se mettent guère en peine de prouver leur dire : j'essayerai de prouver le mien.

V

J'accoste un particulier et je lui donne les conseils que voici : « Si vous voulez, lui dis-je, être cru généralement, soyez menteur d'habitude. Si vous voulez vous attirer la considération, l'autorité morale, et l'ôter à vos ennemis, soyez passionné, excessif, injuste. En même temps que la considération, vous obtiendrez, par les mêmes moyens, la sympathie publique. »

Si je disais cela et qu'un homme raisonnable m'entendît, voici sûrement la réflexion qui lui viendrait : « Quel est ce fou ? Où cet homme a-t-il vu le monde ? »

Où ont-ils vu le monde ceux qui disent que les journaux font des révolutions et soulèvent un peuple à force de mentir, d'exagérer et d'injurier ?

VI

Un fait s'est passé qui intéresse la réputation du gouvernement. Ses journaux le racontent avec exactitude, ceux de l'opposition le défigurent. Lesquels ont plus de chance d'être crus ? Il est probable que chaque lecteur (sauf de rares exceptions) en croira d'abord son journal. Cette opinion est-elle naïve, comme trop avantageuse à la nature humaine ? Je ne le pense pas.

Mais remarquez s'il vous plaît que la survenance du fait et sa divulgation ne changent rien jusqu'ici à la force respective des partis. Si les journaux du gouvernement ont plus de lecteurs, le fait vrai prévaudra dans le plus grand nombre des esprits; si moins, ce sera le contraire. C'est un mal, je l'admets, que le gouvernement ait moins d'adhérents que l'opposition, mais, je le répète, ce mal existe déjà; les journaux n'y sont pour rien, et à quelque moment que vous remontiez, vous retrouverez toujours la même situation.

Chacun adopte la version de son journal; voilà donc ce qui a lieu tout d'abord. Mais il y a des gens qui lisent plusieurs journaux (ils sont en bien petit nombre), il y en a qui discutent habituellement avec des adversaires, ce qui équivaut à la lecture d'un journal opposé. C'est dans ces deux classes qu'une conversion peut se produire, que la vérité et l'erreur peuvent réciproquement s'enlever des adhérents. Vous dites, vous, que c'est l'erreur qui a les chances favorables, qu'un homme intelligent et impartial entre les diverses versions de la presse choisira la fausse. Moi j'affirme le contraire. Je vais vous en donner la raison très-simple.

Celui qui raconte un fait vrai ne varie pas, il le racontera demain et toujours comme il l'a raconté hier. S'ils sont deux ou plusieurs à le raconter, ils concorderont tous ensemble, au moins sur les circonstances essentielles, parce que la vérité est une. L'invariabilité, la concordance, sont des caractères du témoignage vrai. La véracité a donc des caractères. Le mensonge en a précisément de tout opposés.

Quiconque ment est sujet à se couper, à se contredire, surtout s'il a en face de lui un défenseur de la vérité qui le presse de questions. Si l'on est plusieurs à mentir, la discordance est à peu près inévitable, parce que s'il n'y a qu'une manière dont le fait se soit passé, il y en a mille imaginaires. Tout cela a été dit et redit, je le sais bien, mais il paraît que cela a besoin d'être ressassé pour les malins, qui n'ont jamais réfléchi ou qui ont oublié leurs éléments. Je poursuis. Tout le monde sait, et sait d'instinct, quels sont les caractères du mensonge, quels sont ceux de la véracité. Il n'y a pas un homme, je dis pas un, qui, écoutant un autre ou plusieurs autres hommes lui raconter un fait sur lequel il tient à être édifié, n'observe sans y prendre garde si leurs dépositions concordent ou varient ; pas un qui *involontairement* ne conçoive des doutes dès qu'il aperçoit des contradictions, des variations.

J'appuie sur ce point que le doute ou la conviction sont parfaitement *involontaires*. « Cet homme peut, dites-vous, se fermer les yeux; » sans doute, il peut cesser de poursuivre son investigation, crainte de se trouver en face d'une vérité fâcheuse qu'il commence d'entrevoir; il peut aussi se refuser à confesser ce qu'il a pensé, mais ce qui est entré dans son esprit malgré lui y est, il ne l'en tirera pas. Quiconque nie cela, quiconque confond la conviction intime avec la confession extérieure, ne s'est jamais replié sur soi.

Il n'est pas plus possible de n'avoir pas vu la vérité des yeux de l'esprit, une fois que son rayon a pénétré dans l'esprit, qu'il n'est possible de faire qu'on n'ait pas vu un objet des yeux de la chair, quand on l'a vu. Tout ce qu'on peut obtenir de soi, c'est de se détourner pour n'en pas voir davantage, et de dire faussement : Non, je n'ai rien vu. Voilà la force incontestable de la vérité.

Si entre le mensonge et l'esprit humain il y avait convenance, attraction, savez-vous ce qui arriverait? c'est que la vérité n'aurait jamais été découverte, ou que, découverte, elle aurait été niée chaque jour davantage, et qu'avec le temps elle aurait eu le dessous. Avec le temps le mensonge triompherait. A supposer que les sciences eussent été inventées au début de l'humanité par un hasard incompréhensible, elles auraient perdu leur crédit par la suite, à mesure que l'humanité aurait vécu. Chaque année elles auraient vu quelqu'une de leurs conclusions disparaître, écrasée sous le crédit prépondérant d'une erreur correspondante.

Dites-moi si les sciences s'en vont pièce à pièce, ou si au contraire elles s'élèvent d'une assise nouvelle en chaque siècle, car toute la question est là.

Jamais personne n'a donné une bonne raison de croire que la loi universelle par laquelle le mensonge cède à la longue à la vérité, que cette loi régnante partout ailleurs se trouve renversée en politique.

VII

Il y a un détail, notamment, qu'on ignore ou qu'on oublie quand on parle des mensonges de la presse et de l'effet qu'ils ont produit : c'est que les gouvernements ont eu de tout temps des journaux à leur service. Si l'on veut bien étudier l'histoire de la monarchie de Juillet et surtout celle de la Restauration , on verra que cette presse officielle s'est toujours permis contre les adversaires du gouvernement, surtout en temps d'élection, autant de calomnies au moins que la presse opposée s'en pouvait permettre contre le gouvernement. On verra que cette presse officielle a nié plus de faits vrais, aujourd'hui constatés, que la presse opposante n'a forgé de faits faux. La première a menti au moins autant que la seconde, et cela de tout temps (je veux dire jusqu'au commencement du second empire). Cette presse n'a pourtant pas empêché la chute des gouvernements qu'elle soutenait, ce qui prouve bien que le mensonge n'est pas si puissant qu'on veut bien le dire.

Mais, dit-on, la presse opposante trouve plus de crédit justement parce qu'elle fait de l'opposition. Je suppose que cela fût vrai, ce serait la faute du public, non celle des journaux ; mais je conteste. S'il y a des esprits prêts à donner toujours raison aux opposants, il y en a au moins autant qui sont prêts à soutenir tout gouvernement quand même ; les deux se compensent.

VIII

Remarquons cependant que le nombre de ceux qui ne lisent aucun journal est infiniment supérieur à celui des lecteurs de journaux. Un gouvernement qui n'aurait contre lui que ces derniers ne courrait pas de bien grands dangers. « Mais, dit-on, les assertions des journaux arrivent aux classes illettrées par une circulation orale. » Assurément, et sur ce point il y a beaucoup à dire ; mais il faut d'abord, pour être juste, mettre ici la presse hors de cause, et ne pas rendre la parole imprimée responsable de ce qui est le fait de la parole parlée.

S'il y a quelque chose de dangereux, c'est cette circulation orale, car elle est toujours plus ou moins infidèle.

Si des erreurs, des absurdités étranges, s'accréditent parfois dans la masse du public, c'est le fait de la parole parlée.

Une erreur palpable, un mensonge grossier lancé dans un journal ne subsistera pas au jour (à moins qu'il ne soit lancé par un gouvernement fort). Les bruits les plus extravagants semés de proche en proche ont pu subsister longtemps parmi les masses populaires qui ne lisaient pas les journaux, et par cela même qu'elles ne les lisaient pas.

Le bruit, je le répète, est toujours faux ou au moins exagéré. Veux-je dire que la parole parlée soit menteuse par essence? non ; mais des causes presque invincibles font qu'en circulant de bouche en bouche la vérité s'altère peu à peu jusqu'à dénaturation complète. L'homme ne passe pas à son voisin ce qu'il a vu ou entendu sans le modifier un peu; il ne le fait pas exprès les trois quarts du temps, ce n'est pas menterie, c'est infirmité naturelle de l'esprit. A cette modification insignifiante du premier narrateur le second ajoute la sienne, et ainsi de suite. Donc, plus il y a d'intermédiaires entre un événement et le dernier homme qui l'apprend, plus il y a altération de la vérité. Il serait à souhaiter pour cette raison que chacun puisât ses renseignements dans un journal, que chacun lût directement le récit des événements; une foule d'intermédiaires seraient par là supprimés.

Et puis ce qui passe ainsi de bouche en bouche, nul n'en prend la responsabilité; à aucun moment personne ne s'en porte garant. Le narrateur n'affirme pas le fait sous sa propre véracité, il rejette tout sur un personnage insaisissable, irresponsable : *on* dit, *on* prétend, etc. L'irresponsabilité produit ici les effets fâcheux qui lui sont ordinaires.

Il y a déjà plus de garantie avec un homme qui affirme en son nom ; il y en a immensément plus avec un homme qui affirme dans un journal, devant tous ses concitoyens.

Il serait bien à souhaiter, croyez-le, que les hommes, au lieu de s'entretenir oralement de politique, discutassent uniquement par articles imprimés, ou encore qu'ils ne discutassent jamais dans la rue, dans les salons, mais seulement dans des clubs, parce que, là aussi, la responsabilité de l'orateur se trouve tout à coup décuplée.

Sans doute on a pu entendre des orateurs de club bien excessifs, bien déraisonnables ; mais ceux-là, j'en réponds, dans leur particulier en disaient bien d'autres.

Pour savoir précisément si l'effet de la presse est salutaire ou nuisible, il n'y a qu'à interroger sur la politique un homme qui lit assidûment le journal et un autre homme de même opinion, de même parti, s'occupant de politique avec la même ardeur, mais puisant ses renseignements dans les bruits publics ; on verra aisément quel est le plus raisonnable.

IX

Je ne convaincrais personne si j'arrêtais ici mon analyse. Tout le monde sent qu'il y a dans la presse quelque chose de nouveau, un effet, une force qui lui est partiulière. Il faut déterminer avec précision ce que c'est.

La presse n'est qu'un porte-voix ; elle répand au loin, fait pénétrer partout la parole humaine ; mais, d'autre part, elle ne change ni ne peut changer dans sa nature, dans ses effets, ce qu'elle véhicule. La puissance de la presse ne peut être autre chose que la puissance de la parole ; la parole imprimée, comme l'autre, est plus puissante à mesure de sa véracité. Je n'appuierai pas davantage sur ce point.

L'effet particulier à la presse, c'est de faire connaître la vérité à un bien plus grand nombre de personnes. Grâce à la presse, une foule de gens sont informés de choses qu'ils n'auraient jamais sues sans elle ; mais il faut faire des distinctions.

Les considérations, les raisonnements, les jugements qui se publient dans les journaux, n'ont pas la portée ni l'effet qu'on est disposé à leur attribuer. Oubliés généralement dès le lendemain de ceux qui les lisent, ils s'arrêtent au cercle relativement restreint des lecteurs de chaque journal. Combien y a-t-il de personnes qui sachent résumer un article tissu de raisonnements ou de considérations, et en faire sentir la force? Mais pour les faits, c'est autre chose. Rien n'est plus facile et rien n'est plus commun que de raconter un fait et de le répandre. Le fait rapporté dans un journal va bien au delà du cercle des lecteurs de journaux. Et puis le fait solide résiste à l'oubli; il demeure dans la mémoire bien longtemps après que le souvenir d'un jugement, d'une appréciation, s'est perdu dans le courant journalier des choses.

Pour qu'un jugement reste, il faut qu'il soit condensé dans une formule brève et frappante, et cela confirme justement ma proposition. Ce genre d'invention est encore assez rare; on pourrait compter les mots qui, depuis le commencement du siècle, ont eu le mérite de juger une situation et la bonne fortune de circuler comme une monnaie; tandis que c'est ainsi que les faits circulent.

Quand je dis que la force de la presse consiste

à répandre la vérité, j'entends la vérité de fait, le fait vrai.

X

Me voici à présent tout naturellement amené à ce qui est, à coup sûr, non pas l'argument le plus fort contre la liberté de la presse, car l'argument en soi n'est pas fort, mais à ce qui est le préjugé le plus violent et le plus efficace contre la liberté, à l'opinion, qui, en réalité, prive moi et mes concitoyens de la liberté :

« C'est la presse qui a fait toutes les révolutions. »

Cette opinion veut être ruinée à fond.

Je me permettrai de poser quelques questions préliminaires.

Et d'abord, est-il bon que jamais, en aucun cas, il n'y ait de révolutions, ou, autrement, une révolution, c'est-à-dire l'expulsion d'un gouvernement par la force, est-elle en tout cas un mal si grand qu'il faille supporter un gouvernement quel qu'il soit et quoi qu'il fasse, plutôt que d'en venir là? Est-il impossible de trouver en quelque pays, en quelque période de l'histoire, un gouvernement si déplorable, un régime si ruineux, si oppressif et si démoralisant, qu'une révolution, accomplie même dans les conditions violentes, mais rapides, de celle de 93, eût été un événement heureux en comparaison ?

Peu de personnes oseront, je crois, répondre qu'un peuple ne doit jamais renverser ses gouvernants par la violence, même quand ceux-ci, après lui avoir ôté tout moyen légal de les réformer, commettent des excès énormes. Un plus grand nombre se tireront d'affaire en répondant : Il est impossible qu'un gouvernement abuse assez pour justifier un soulèvement. Au fond, ceux-ci pensent comme les autres sans oser le dire. Une troisième catégorie déteste les révolutions pardessus tout, sans se douter seulement de la question.

La presse a pour adversaires des gens de ces trois catégories. Ils ont cela de commun qu'ils veulent nettement, ou sans bien s'en rendre compte, l'irresponsabilité quand même du gouvernement. C'est là une belle pensée ! pensée d'hommes sages, de gens de cœur ! A pareilles gens la laine peut faillir quelquefois, mais jamais le tondeur.

Il est certain que si l'on ne veut de révolutions en aucun cas, et quoi que puisse faire un gouvernement, il ne faut pas de presse ; avec la presse, un gouvernement ne peut pas dépasser une certaine limite dans le mauvais. S'il va plus loin, il doit périr ou supprimer la presse. La presse rend certaines choses impossibles ; la révocation de l'édit de Nantes, par exemple, aurait été infaisable. Et avec cela je prétends que ce n'est pas la presse qui a fait nos révolutions. On me demandera d'accorder mes dires : c'est ce que je vais essayer.

Quand on dit que la presse a fait toutes nos révolutions, n'est-il pas vrai qu'on veut dire : Les motifs de révolution n'existaient pas ; la presse, à force de mensonges, d'exagérations, a soulevé le peuple ; s'il avait su la vérité, rien que la vérité, jamais le peuple n'aurait bougé.

C'est cette manière d'entendre l'effet de la presse que je contredis formellement ; pour moi, cette assertion n'est qu'une idée fantastique de gens fort peu réfléchis. Mais que si, au lieu de l'entendre de cette manière, on l'entend comme voici : « Les gouvernements avaient commis des fautes et des excès motivant très-suffisamment une révolution. La presse a divulgué ces faits et le peuple s'est soulevé », alors j'y consentirai volontiers ; je permettrai qu'on dise encore : C'est la presse ;

mais à condition qu'on ajoutera aussitôt : C'est la faute du gouvernement. Les révolutions ne peuvent jamais être que la faute des gouvernements.

Un homme commet un crime ; ce crime a un témoin qui va dénoncer le fait ; il est clair que si ce témoin n'avait pas eu de langue, il n'aurait pas pu rapporter le fait au juge, et celui-ci n'aurait pas fait couper le cou au criminel. On peut dire que la langue du témoin a causé l'exécution ; on ne dira jamais que c'est sa faute. C'est la faute du criminel.

Là où la presse existe, les gouvernements risquent une révolution quand ils se permettent des faits qui dépassent les bornes, fort larges d'ailleurs, de la patience et de l'indifférence humaines, parce que ces faits seront nécessairement portés par la presse à la connaissance des hommes et au moment même où ils viennent d'être accomplis. Voilà toute la part de la presse dans les révolutions.

La presse fait des révolutions comme la langue, comme les jambes, comme le télégraphe, en un mot comme tout ce qui sert à la propagation des nouvelles et à la communication des hommes entre eux.

L'effet de la presse est juste le contraire de ce que beaucoup de gens imaginent. Quand la presse, avec ses cent voix, ses mille voix toujours un peu contradictoires, aborde la discussion d'une thèse ou le récit d'un événement, il n'y a guère que la vérité évidente ou le fait incontestable qui puisse résister à cette épreuve. On pourrait peut-être reprocher à la presse de faire douter de tout. Je n'irai pas si loin. Mais il me paraît sûr que la presse développe le sens critique, qu'elle rend l'esprit défiant sur les preuves; c'est là une disposition d'esprit propre à former des savants ou des sceptiques, nullement des révolutionnaires. L'homme qui n'écoute que lui ou son voisin, qui suit après cela ses propres pensées tout d'un trait, sans entendre aucune contradiction, celui-là est vite résolu, celui-là va aisément à l'acte, celui-là a le tempérament révolutionnaire. Nous ne faisons pas assez notre profit de l'histoire; nous ignorons ou nous ne prenons pas garde qu'autrefois, dans l'ancienne France, quand il n'y avait pas de presse, quand on ne savait la politique que par des bruits qui circulaient, les populations cent fois ont été mises en l'air; des révoltes, des émeutes, des insurrections même fort étendues ont éclaté cent fois sur de vagues appréhensions, sur des nouvelles insensées qui étaient parties on ne sait d'où et s'étaient propagées dans les masses crédules avec une rapidité, une force, une facilité étonnantes. Aujourd'hui, le peuple est déjà réfractaire à ces espèces de courants électriques, parce qu'il s'y trouve bon nombre d'hommes capables d'arrêter l'étincelle au passage, de la discuter et de lui dire : Qui es-tu? d'où viens-tu? Cela suffit pour ralentir la transmission; or, dès que les masses n'agissent pas tout de suite, elles n'agissent pas du tout.

Il serait très-désirable, je le répète, que tous les hommes lussent les journaux. Les articles les plus violents, les plus mensongers, n'iront jamais aussi loin dans le faux, dans l'absurde, dans l'exagéré, que la parole d'un homme du peuple ignorant parlant à un autre homme de sa classe.

Il n'y a que la presse, la publicité, qu'on puisse opposer aux effets désastreux de l'ignorance et de l'imagination populaire.

Un mot sur le changement que l'invention de la presse a opéré dans le monde. Avec la presse, les administrés ou les sujets sont mieux informés et plus vite des fautes de leurs maîtres. Il ne faut pas que ceux-ci en commettent trop et de trop fortes, une révolution pourrait s'ensuivre promptement, si d'ailleurs les choses ont été arrangées de manière que les hommes ne puissent pas agir pacifiquement pour modifier le gouvernement. Mais, d'autre part, la presse supprime et tend à supprimer davantage chaque jour, à mesure qu'elle devient plus écoutée, les émeutes partielles, les soulèvements locaux nés de bruits vagues, de nouvelles étranges, de récits exagérés; ceux aussi qui résultent de la misère, d'une famine, d'une épidémie, parce que la presse apprend aux populations à les attribuer à des causes naturelles, impersonnelles, contre lesquelles on ne se révolte pas.

La presse a une autre influence qui est encore bien plus puissante pour supprimer les révolutions, c'est celle qu'elle exerce sur les gouvernements. La terreur excessive qu'elle leur inspire les retient dans la voie de la raison. Et comme les révolutions sortent toujours des excès des gouvernements, on peut dire avec une parfaite justesse que la presse est le remède le plus efficace contre les révolutions. Là où elle n'est pas entièrement libre, il peut encore y en avoir; on n'en verra jamais là où sa liberté sera illimitée.

Un peuple qui n'a que la parole pour s'entendre est sujet à des révoltes partielles très-fréquentes.

Cette vérité est démontrée par l'histoire de l'ancien régime. Il fait moins de révolutions : mais à la longue il faut toujours qu'il vienne à en faire une, et celle-là compte pour plusieurs ; tous les abus accumulés depuis des siècles sont alors déracinés en une fois ; le sol en tremble et l'édifice social serait renversé s'il pouvait l'être.

Et à ce propos, je poserai une nouvelle question : Les adversaires de la presse savent-ils qu'il y a eu quelques révolutions avant l'invention des journaux et même de l'imprimerie ? S'ils connaissent ces révolutions, auraient-ils l'obligeance de nous les expliquer ? Pourraient-ils notamment nous édifier sur un point : pourraient-ils nous dire pourquoi des révolutions ayant eu lieu avant l'invention de l'imprimerie, et en conséquence par des causes autres que le papier imprimé, ils ne soupçonnent pas que ces causes ont pu agir encore après l'invention dudit papier ? Serait-ce par hasard que ces causes intelligentes, voyant la presse inventée, et comprenant que celle-ci ferait leur besogne toute seule, auraient donné immédiatement leur démission ; et auraient-ils, eux, retrouvé dans l'histoire les traces de ce singulier événement ? Voilà ce que nous serions bien curieux d'apprendre.

CHAPITRE IX

I

Il est convenu aujourd'hui chez nous que tous nos gouvernements se sont perdus par excès de libéralisme : cette curieuse philosophie de l'histoire a cours partout. Je ne désespère pas de voir soutenir un jour que ces gouvernements ont été renversés pour avoir voulu diminuer l'impôt. Je veux essayer de faire sommairement l'histoire des gouvernements français du XIXe siècle, et je compte bien expliquer nos révolutions par deux causes très-simples.

1° Les gouvernements ont constamment manqué à leurs devoirs les plus clairs et les plus élémentaires.

2° Le peuple français, et ceci est une vérité tout à fait terre à terre dont on ne se doute pas, à ce qu'il paraît, le peuple, au XIXe siècle, sent ses droits et les devoirs du gouvernement.

Quelques hommes, il est vrai, dans la masse de la nation, ont seuls une idée nette et précise de ces droits, de ces devoirs ; quelques-uns seulement en ont la théorie ; mais la masse en a l'instinct. Nos révolutions n'ont été que les réactions de la probité publique, et le juste retour de l'indignation populaire contre la malhonnêteté des gouvernants.

Ce qui a perdu les gouvernements, c'est d'abord d'avoir manqué à la probité politique, et puis d'avoir cru que les hommes sont insensibles à ces manquements, tandis qu'au contraire la conscience publique pécherait plutôt par un excès de susceptibilité morale.

Nos politiques en sont encore à savoir cela ; ils ne laissent pas néanmoins de se décerner à eux-mêmes cet éloge suprême qu'ils sont *pratiques*. Quelques-uns n'ont d'autre raison de se croire pratiques que d'avoir en effet pratiqué jusqu'au moment où on les a mis à la porte. Comme si tout n'était pas praticable pendant un certain temps ! comme si les plus grandes absurdités n'avaient point été pratiquées ! Un cocher qui mène sa voiture dans un fossé est pratique jusqu'au fossé.

Ces personnes pratiques estiment que gouverner sans probité ou avec probité, sans logique ou avec logique, est chose indifférente pour la stabilité du gouvernement ; elles ne croient pas que les hommes aiment par-dessus tout la probité et la logique. Leur raison est que chacun manque volontiers de justice et de bon sens à l'égard du prochain, ce qui est assez vrai ; mais elles ne voient pas que chacun ne laisse pas d'exiger du prochain ce qu'il n'est pas disposé lui-même à lui accorder. Elles ne voient pas que les hommes sont très-délicats et très-sévères sur la morale quand ils ont intérêt à l'être, ce qui est le cas des gouvernés à l'égard des gouvernants.

Le mécontentement et même le mépris public sont choses qu'un gouvernement s'attire assez aisément ; il n'en est pas de même, il faut le dire, des révolutions, parce que de mépriser ou de haïr à se battre, à risquer sa vie contre ce qu'on hait, il y a loin, très-loin. Il faut, pour provoquer une révolution, des excès multipliés et portant sur toutes les classes.

II

Je ne remonterai pas au delà de l'Empire. L'Empire a péri de mort violente comme le gouvernement de Charles X, comme celui de Louis-Philippe. Ceux qui imputent à la liberté les révolutions de 1830 et de 1848 ne nous ont jamais dit si l'Empire était mort pour avoir été trop libéral. Ils semblent s'accorder à considérer la chute de l'Empire comme un pur accident, sans rapport avec la question de liberté. « C'est l'Europe coalisée qui a tué l'Empire. » Après cela ils s'imaginent que tout est dit.

Mais pourquoi l'Europe s'est-elle obstinément coalisée jusqu'à ce qu'enfin elle ait réussi, après plusieurs tentatives désastreuses, à abattre Napoléon? « Parce que Napoléon avait excédé peuples et rois. » Sans doute, s'il y a quelque chose de naturel et de compréhensible, c'est à coup sûr la fureur universelle qui précipita tous les peuples contre lui. Jamais mortel ne porta aussi loin que Napoléon la manie révoltante d'être maître partout et chez tous, la fureur de supplanter la volonté des autres. On a dû le considérer à la fin comme le fléau européen, cela est certain, mais cela n'est pas tout. Il faut remonter plus haut dans la chaîne des causes.

Quiconque s'élève à un état de puissance tel qu'il ne trouve plus ni contradiction ni résistance est en position de devenir fou. Combien d'empereurs à moitié ou tout à fait fous dans l'empire romain! Ils avaient le cerveau frappé du pouvoir absolu. Un jour on osera remarquer de Napoléon qu'il employait infiniment de sens, de précision, de justesse, de génie, si l'on veut, à accomplir des desseins tout à fait chimériques, comme on observe que beaucoup d'aliénés raisonnent avec une logique extrême, avec une grande force d'esprit, sur une idée absurde, ou exécutent avec une habileté diabolique un projet stupide.

Si Napoléon avait eu en face une assemblée sérieuse appuyée de journaux libres, son cerveau serait demeuré dans les saines conditions ordinaires; cette assemblée n'aurait pas même eu besoin de couper à cet esprit fantastique ses ailes démesurées, car il n'aurait pas conçu un seul instant des projets qui, pour être, je ne dis pas exécutables, mais seulement le paraître, exigeaient d'abord que la France fût tout entière, hommes et argent, dans une seule main comme la poignée d'une épée.

Souverain constitutionnel et grand conquérant, c'est non-seulement une impossibilité réelle, mais encore cela se présente tout d'abord comme une idée contradictoire.

L'Europe, la première, paya cher la perte de notre liberté, puis finalement la France et Napoléon lui-même.

C'est le défaut de liberté qui a renversé Napoléon. Telle est la cause vraie de cette chute. L'Europe coalisée n'en fut que l'instrument.

C'est sottise de dire : Il voulut trop embrasser, si l'on n'ajoute aussitôt : cela devait arriver nécessairement, dès qu'il usurpait le pouvoir absolu, parce qu'il faut qu'un homme absolu fasse des folies ; et, étant donné l'homme, sa profession, son éducation, son genre d'aptitudes, le genre de ses folies était marqué d'avance.

Enfin, en voilà toujours un qui n'a pas péri par excès de libéralisme.

III

Napoléon jeté à bas, les Bourbons arrivent, et Louis XVIII est intronisé. Il ne lui faudra pas plus d'un an pour se faire mettre à la porte. On dira qu'il ne fut pas chassé par le peuple, mais par Napoléon. Encore une fausse apparence. Napoléon aurait-il chassé Louis XVIII, si le peuple, l'armée, la bourgoisie, eussent été hostiles à lui, Napoléon, ou seulement indifférents? Évidemment non. Mais la Restauration avait réussi en un an à irriter toutes les classes.

Quand les Bourbons arrivèrent à l'arrière-garde des armées coalisées, les trois quarts et plus des Français ne savaient ce qu'ils étaient. On n'avait pas de parti pris contre eux; on ignorait le caractère des deux princes; on les accepta moitié de gré, moitié de force, comptant à tout hasard que l'exil, l'adversité, les auraient rendus sages, s'ils ne l'étaient naturellement. La bourgeoisie, le commerce, les classes lettrées, la tête, en un mot, de la nation était lasse de Napoléon, et certainement elle aurait plutôt voté pour Louis XVIII que pour lui. Le peuple des campagnes était excédé de la conscription. Seuls, les ouvriers des grandes villes, dont un grand nombre avaient servi, conservaient quelque enthousiasme pour l'Empereur. Telle était la situation, assez favorable en somme.

Le comte d'Artois arriva en France le premier. Avec cette clairvoyance qu'on a quand on n'est pas encore au pouvoir ou qu'on n'y est plus, il avait aperçu les deux grands sujets du mécontentement populaire : la conscription et les droits réunis. Traversant la France, tout le long de la route, il ne fit que dire ces quatre mots : Plus de conscription, plus de droits réunis. — « Ces promesses étaient irréalisables. » — Alors il ne fallait pas les faire ! Elles rallièrent à la Restauration dans le premier moment une foule de gens neutres, surtout dans les campagnes ; mais les mêmes hommes, quand ils virent qu'on leur faussait parole, reprirent leur adhésion avec colère. Ils n'étaient qu'indifférents la première fois, ils devinrent hostiles, comme le devient tout homme à celui qui l'a trompé ; c'est un effet de nature.

Les gens qui donnent toujours raison aux gouvernements voudraient que les gouvernements pussent manquer de parole sans irriter ceux qu'ils déçoivent, et faire des malhonnêtetés sans perdre l'estime ni l'affection des dupes. Ils s'étonnent toujours et se scandalisent que, dans les rapports de gouverné à gouvernant, la nature humaine reste la nature humaine.

Le futur roi arriva un peu après son frère. Il apportait une constitution que l'empereur Alexandre lui avait imposée, mais dont on fit honneur à son initiative. Malheureusement il détruisit presque aussitôt les illusions qui commençaient à se former sur son compte. Il prit le nom de Louis XVIII, ce qui voulait dire clairement: « Je prétends être roi par droit de naissance; je prétends vous gouverner comme successeur de Louis XVII et de Louis XVI. Votre Révolution, votre Empire, sont de purs accidents, des faits dépourvus de droit, parce que la volonté nationale n'est rien. Vous avez pu vous soustraire à mon obéissance; vous n'avez pas pu m'empêcher de régner sur un petit nombre de fidèles. » Cela seul eût mérité qu'on le chassât sur l'heure.

IV

Le roi était cependant beaucoup plus raisonnable et plus modéré que les royalistes. Loin qu'il fût décidé à rétablir l'ancien régime, il penchait plutôt à croire qu'il faudrait conserver le nouveau dans ses principales dispositions. En tout cas, il voulait attendre, observer, tâter la volonté publique à cet égard; mais les royalistes, point. Pour eux, il n'y avait qu'à remettre toutes choses, et tout de suite, comme elles étaient avant 1789. Malheureusement le roi les laissa parler, s'agiter, menacer; bien plus, il leur laissa faire certains rétablissements partiels propres à effrayer, à irriter profondément la nation.

On reconstitua la maison militaire du roi sur le pied d'avant 1789. Des commissaires furent envoyés dans les provinces avec pouvoir de suspendre et de destituer provisoirement les fonctionnaires qui ne leur paraîtraient pas suffisamment dévoués : naturellement ces commissaires se rendirent coupables de beaucoup de tracasseries, d'avanies et d'injustices. Il fut décidé que, pour être admis dans les écoles militaires qui conduisaient à peu près exclusivement aux grades dans l'armée, il faudrait prouver une noblesse de cent ans, ce qui, par parenthèse, était contraire à la Charte. Un édit renouvela les prescriptions de l'ancien régime pour l'observation du dimanche. On décréta la restitution aux émigrés des biens saisis par la nation et qui se trouvaient encore non vendus entre les mains de l'État : cette mesure en soi était justifiable; mais en même temps on laissait prévoir qu'un jour on pourrait reprendre les biens vendus entre les mains des acquéreurs et sous-acquéreurs, ce qui aurait renversé une multitude de fortunes, brisé un nombre infini de contrats passés à l'occasion de ces biens, exposé la classe immense des premiers acquéreurs à des demandes d'indemnité, à des recours en garantie, ou tout au moins à des récriminations fort vives de la part de la classe non moins nombreuse des sous-acquéreurs.

A voir ces premiers actes du pouvoir nouveau, à entendre partout les menaces, les forfanteries des royalistes qui semblaient le commentaire naturel de ces actes, qui ne se serait cru destiné à subir tout le rétablissement de l'ancien régime? On avait appelé ou reçu passivement les Bourbons pour avoir la paix et la jouissance paisible de son état, et voilà que rois et nobles prétendaient traiter la nation en pays conquis. C'était vraiment trop fort !

On avait compté aussi sur la liberté, qui semblait douce à beaucoup de gens après le despotisme de Napoléon, et voilà qu'on rétablit la censure; les journaux ne devaient paraître qu'après avoir obtenu l'autorisation du roi. Notez, s'il vous plaît, qu'à ce moment il n'y avait presque pas de journaux; il n'y avait pas ce qui s'appelle un journal d'*opposition*. On a dit bien souvent que ce sont les excès de la presse qui appellent les rigueurs du gouvernement; voilà un cas où les rigueurs précédèrent les excès, et j'ajoute les appelèrent, les méritèrent.

Et puis voilà que le parti régnant se met à créer des appellations injurieuses, des distinctions menaçantes; il y a les bons et les mauvais Français; il y a les honnêtes gens et les malhonnêtes gens. Les malhonnêtes gens sont, qui le croirait? tous ceux qui ont fait ou accepté la Révolution, l'Empire, c'est-à-dire, à peu de chose près, toute la nation. Le gouvernement, loin d'empêcher cette folle impertinence, s'y associe. Ces dénominations, ces distinctions passent dans des pièces officielles. On traite la France comme une criminelle qui a besoin de pardon. Mais quoi! pour être pardonnée, il faut qu'elle expie; le gouvernement commande partout des services expiatoires du 21 janvier; partout on voit les magistrats, les soldats, les fonctionnaires de tout ordre et de tout rang, les enfants même des colléges et des pensions s'en aller expier dans les rues des villes en longues et solennelles processions. C'était insensé de tout point.

Un particulier peut s'élever librement contre un peuple, juger ses actions. Le gouvernement de ce peuple ne le peut pas; il commettrait une inconvenance suprême. Tout ce que ce peuple a fait est pour lui, pour lui seul, excellent et irréprochable.

Quand les Bourbons eurent blessé à fond toutes les classes, Bonaparte, qui suivait de son île les progrès du mécontentement, se jeta dans une barque et vint aborder au golfe de Juan. Quelques jours après, il couchait à l'Élysée, et les Bourbons fuyaient sans qu'on eût brûlé une amorce.

Cependant, les armées qui avaient envahi la France étaient encore sur pied; elle se retiraient lentement, chacune dans son pays. A la nouvelle du débarquement de Napoléon, les maîtres de ces armées leur firent retourner la tête du côté de la France et les relancèrent sur Paris. Napoléon envoya à tous les rois, pour leur soumettre des propositions de paix, et, en attendant, il jouait chez lui le personnage d'un absolutiste désabusé, résolu à n'être plus qu'un simple roi constitutionnel. Était-il sincère? C'est ce qu'on ne saura jamais.

Les rois étaient bien fatigués de la guerre, les peuples aussi. Rois et peuples avaient été si habitués à redouter Napoléon, qu'ils ne rentraient pas dans la lutte sans de grandes appréhensions. Il y a à parier qu'ils auraient accepté les propositions de Napoléon s'ils l'avaient cru sincèrement résigné à régner en roi constitutionnel, sachant très-bien que rien ne garantit mieux les peuples des entreprises d'un prince que l'existence des libertés publiques dans les États de ce prince. Mais les rois ne crurent pas à ce subit amour de Napoléon pour la liberté; il l'avait trop détestée et trop poursuivie. Seules, les chambres anglaises inclinèrent un moment à écouter Napoléon. Que serait-il advenu si partout en Europe le régime parlementaire eût été établi comme en Angleterre? Il est fort probable que quelque chambre, pour avoir la paix, eût consenti à éprouver la sincérité de Napoléon, à conclure au moins une trêve. Une seule nation adoptant ce parti, c'était assez pour rompre la coalition, pour amener les autres peuples à transiger. Je crois que le régime parlementaire établi en Europe aurait sauvé Napoléon. Ainsi, de ce côté comme de l'autre, l'absence de la liberté lui fut désastreuse.

La guerre une fois décidée et en train, Napoléon devait sentir bien plus cruellement encore le juste retour des choses. Le Corps législatif, qu'il avait appelé, n'eut qu'une idée, se défendre d'un 18 brumaire. Jamais les députés ne purent croire, eux non plus, à la sincérité de Napoléon, et ce fut la perte de tous. S'ils y eussent cru, rien n'était absolument désespéré pour Napoléon, même après Waterloo. Supposez que le Corps législatif, d'accord avec l'empereur, n'eût songé qu'à mener la guerre avec vigueur, il y a bien des chances que les rois auraient traité avec lui, au moins sur le pied de l'abdication de Napoléon Ier et de la royauté de Napoléon II. Combien l'histoire de ce siècle aurait été différente, et, je crois, plus tranquille, plus libérale! Nous y aurions gagné, j'imagine, et l'Europe aussi... — mais enfin cela n'est pas sûr. Ce qui l'est, c'est que Napoléon est tombé cette seconde fois encore pour avoir détesté la liberté.

V

La seconde restauration des Bourbons fut opérée par douze cent mille baïonnettes. La première fois, s'ils n'avaient pas été appelés, au moins avaient-ils été à peu près acceptés; la seconde fois ils furent subis.

Je prie le lecteur de se bien rappeler les vrais principes du gouvernement; c'est la seule manière d'arriver à juger les actes de la Restauration comme ils le méritent, à voir et à sentir pleinement toute la folie des gouvernants de cette époque.

Voilà des gens qui aussitôt installés prétendent punir comme criminels, comme scélérats, tous ceux qui montreront quelque regret, quelque affection pour la Révolution ou pour l'Empire. Bien mieux : quiconque a peu ou prou adhéré à l'un des gouvernements des vingt-cinq dernières années est un homme pervers, qu'on peut bien laisser tranquille par un excès d'indulgence, s'il paraît tout à fait résigné, abattu, mais qui mérite les derniers châtiments, et qui en sera frappé, pour peu qu'il devienne suspect de vouloir faire quelque opposition.

Les Bourbons auraient été des princes intelligents, fermes, prudents ; leurs partisans auraient usé avec modération de la victoire ; leurs ministres auraient gouverné avec une habileté suffisante, qu'une révolution aurait pu avoir lieu et aurait été encore très-explicable et très-justifiable par le seul fait que ces princes prétendaient tenir de Dieu et de leur naissance le droit de gouverner. Rien que pour cela la nation aurait eu parfaitement raison de se soulever et de les chasser. Ils lui en donnèrent bien d'autres motifs.

Waterloo avait eu lieu le 18 juin ; sept jours après, à l'autre bout de la France, à Marseille, les royalistes avaient déjà massacré quelques bonapartistes ; ils en avaient maltraité et surtout pillé bien davantage. Le 2 août, le maréchal Brune est assassiné publiquement à Avignon. A Nîmes, presque au même moment, des bandes armées massacrent quelques compagnies de soldats à qui on avait fait d'abord livrer leurs armes. Ce fut le début d'une Saint-Barthélemy de bonapartistes dans la ville. Les bonapartistes citadins une fois massacrés et pillés, les bandits royalistes étendirent leurs expéditions autour de Nîmes, puis enfin dans tout le département. A Uzès, les catholiques traitent les protestants comme les royalistes de Nîmes avaient traité les bonapartistes. Quand c'est fini à Uzès, à Nîmes ça recommence. Le 22 août, seize personnes sont égorgées. On n'en tuait pas tous les jours autant assurément, les sujets auraient bientôt manqué; mais on tua de temps à autre depuis le mois de juillet jusqu'au milieu de novembre, c'est-à-dire durant cinq mois. A Toulouse on avait assassiné, toujours publiquement, le général Ramel, le 17 août. Voilà ce que les historiens ont relevé. Mais ils n'ont pas relevé les violences, les mauvais traitements, ni même les assassinats individuels qui furent commis un peu partout, et qui, à côté des massacres de Nîmes, auraient trop pâli. A plus forte raison n'ont-ils pas noté les menaces, les bravades, les insolences, l'oppression morale exercée dans toutes les communes de France par le parti vainqueur. Or, ces choses-là, ceux qui les ont subies ne les oublient guère, elles ne se perdent pas, et tôt ou tard elles se payent. On les fit payer au gouvernement en 1830. Quelqu'un dira : « Le gouvernement était-il coupable des massacres de Nîmes, et d'ailleurs accomplis par des populaces en démence? » Pour moi je réponds que si on lui en fit porter la responsabilité, on fit bien. D'abord, un gouvernement est toujours coupable quand une partie des citoyens qui devrait jouir de la sécurité sous son égide, et qui a dû y compter, est chaque jour volée, massacrée comme dans un bois. Mais ce n'est pas tout. Le gouvernement encouragea très-efficacement quoique indirectement les massacres et les violences.

Il donna le signal de la réaction par une ordonnance qui mettait en jugement ou exilait cinquante-sept personnes. C'était lâcher la bride aux passions du parti, c'était dire : « Poursuivez, exterminez nos ennemis communs ; votre zèle nous sera agréable. » Ce sont de ces vœux, de ces désirs que les misérables, les fanatiques, les ambitieux, les avides, comprennent toujours à demi-mot et même à moins. Ils furent ainsi lancés à la chasse des révolutionnaires, des bonapartistes. Nulle part les agents du gouvernement n'empêchèrent, et presque partout ils allèrent jusqu'à aider. Ils comptèrent n'être pas destitués pour cela, au contraire ; et ils ne se trompèrent pas. Cela suffit pour décider la question.

Nulle part les juges ne sévirent ; on vit des choses vraiment étonnantes : on vit à Nîmes les assassins déférer aux juges leurs victimes pour les coups que celles-ci avaient pu leur porter, ou les injures qu'elles avaient pu leur adresser en se défendant, et les juges condamner les victimes. On vit à Toulouse le tribunal acquitter ceux qui achevèrent le général Ramel, par cette excellente raison que le général, étant déjà mortellement blessé, pouvait être considéré comme mort, et qu'on ne tue pas un homme mort.

D'ailleurs les massacres exécutés par le peuple ne furent pas les seuls. Il y en eut qui furent accomplis par les agents du pouvoir, avec des formes juridiques, et ceux-là présentent un caractère bien autrement odieux.

Le gouvernement fit fusiller à Paris le général Labédoyère le 19 août ; peu après, à Bordeaux, les deux frères Faucher ; condamner à mort le comte Lavalette (si celui-ci n'en mourut pas, ce fut par des circonstances indépendantes de la volonté du gouvernement); fusiller, le 7 décembre, le maréchal Ney, et dans le cours de l'année 1816, fusiller le colonel de Peireleau, condamner à dix et à vingt ans de détention le général Debelle et le lieutenant général Travot, fusiller le lieutenant Mietton, le général Mouton-Duvernet, sans compter un certain nombre d'autres qui n'échappèrent à la mort que par la fuite.

Ces victimes sont les plus illustres ; mais la Restauration en fit vraiment bien d'autres. Le 18 octobre 1816, le gouvernement présentait à l'Assemblée un projet de loi dont l'économie consistait à conférer à tout fonctionnaire de l'État *le pouvoir de faire arrêter et détenir sans jugement* tout individu soupçonné d'avoir de mauvaises intentions à l'égard du gouvernement. M. Pasquier expliquait l'esprit de la loi en ces termes : « C'est contre les suspects que cette loi est dirigée, contre ces gens d'autant plus *dangereux*, ces hommes d'autant plus *coupables*, qu'habiles dans l'art de feindre, ils ne se livrent jamais à des actes qui puissent leur faire encourir l'action immédiate de la justice. » Ce monsieur Pasquier, soit dit en passant, était un esprit admirablement logique ; il savait tirer de l'excellent système de *la prévention* tout ce qu'il renferme. Nous sommes aujourd'hui moins conséquents ou plus timorés. Un autre politique de même force disait : « Il faut que l'autorité soit armée de pouvoirs extraordinaires... On se plaint que la loi laisse les citoyens sans garanties... Est-il pour les citoyens une garantie plus forte que la bonté et les vertus du prince auguste qui nous gouverne ? Les hommes que ne rassurerait pas une pareille garantie sont ceux précisément que la loi doit atteindre. » Un argument si fort, si juste, décida le vote de la loi. Ainsi on prétendait punir non-seulement ceux qui auraient *tenté* de changer par la force le gouvernement existant (en quoi le gouvernement n'eût fait qu'exercer son droit et remplir son devoir), mais on prétendait punir ceux qui seraient *soupçonnés* de vouloir le faire. Ce n'est rien encore : on prétendait punir ceux qui *manifesteraient une préférence* pour un autre gouvernement. Ce n'est pas tout encore : on prétendait punir ceux qui *seraient soupçonnés d'avoir une préférence* pour un autre gouvernement. Quels étaient les hommes à qui le pouvoir de juger et de condamner les pensées intimes était remis ? Tous les fonctionnaires. Il n'y a pas à dire ; le gouvernement d'alors était fou. Je dis fou dans le sens médical du mot.

Soixante-dix à quatre-vingt mille citoyens furent emprisonnés en vertu de cette loi dans l'espace de dix mois. En beaucoup de villes les prisons se trouvèrent trop étroites. Il fallut convertir la détention en bannissement. La même loi, au reste, accordait aux fonctionnaires le pouvoir de bannir, d'interner les suspects. Ils en usèrent largement. Un exemple entre mille du genre de *scélératesse* que les préfets punissaient du bannissement.

Le général Travot, dont je parlais tout à l'heure, était en prison à Rennes, où il allait être jugé par un conseil de guerre. Ses parents demandent à communiquer avec lui ; on le leur refuse. Ils s'adressent à un avocat; celui-ci veut invoquer le droit ; M. de Vioménil, intendant militaire du département, répond en lui intimant l'ordre de quitter Rennes dans les vingt-quatre heures et de se rendre en exil à Bordeaux. Ce ne fut pas le seul fait de cette nature. Les avocats étaient obligés, quand ils défendaient les accusés politiques en ce temps-là, de prendre des biais, pour ne pas devenir accusés eux-mêmes, du chef seul de leur défense. Ou ils s'excusaient platement d'être obligés de plaider une pareille cause; ou ils concédaient que leur client était en effet un scélérat, mais qui n'avait point commis le crime particulier dont on l'accusait; ou ils transformaient leur client, contre toute apparence, en un royaliste forcené.

Supposons un avocat qui, se levant, aurait dit tout simplement : « C'est vrai, mon client est bonapartiste au fond, et doit l'être, car il a reçu des bienfaits de l'empereur; qu'il ait manifesté ses sentiments politiques, cela est possible, et c'est son droit pourvu qu'il ne fasse rien contre la tranquillité publique. — Ah ! c'est son droit, vous prétendez que c'est son droit, en prison ! » Le client eût été fusillé, cela ne fait pas de doute ; mais probablement l'avocat l'eût été aussi. Dans le monde officiel d'alors, on disait couramment d'un général quelconque qui avait commis le crime de se battre contre les Anglais ou les Vendéens : « Ce grand scélérat. » Un préfet allait élargir des prévenus parce qu'il ne savait où les mettre, et il leur adressait ce petit discours : « Vous allez rentrer dans la société, qui vous avait rejetés de son sein ; vous le devrez *à la faiblesse et à la compassion déplacées* qui ont fermé la bouche à ceux qui avaient des plaintes à former contre vous ; vous eussiez encouru sans cela les peines les plus sévères. Le roi ne vous juge pas dignes de sa colère. Rendez donc grâce à sa clémence, mais n'espérez pas pouvoir en abuser. La surveillance la plus rigoureuse suivra vos pas... Je ne vous demande pas de serments, je n'en veux point, ils ne m'inspireraient aucune confiance ; vos pareils les ont toujours à la bouche et jamais dans le cœur. Mais craignez la main de la justice : elle sera toujours prête à s'appesantir sur vous. » Voilà les furieux imbéciles qui en ce temps-là *administraient*.

Presque en même temps que la loi sur les suspects, on portait une loi contre les écrits et les propos *séditieux*. On entendait par là, à cette époque, toute critique, si légère qu'elle fût, du gouvernement, ou d'un acte quelconque d'un agent du gouvernement, si infime qu'il fût ; à une condition toutefois, c'est que l'auteur de l'écrit ou du propos fût soupçonné de n'être pas royaliste ; car les royalistes avaient en même temps le droit de tout dire et de tout écrire. Savez-vous quelles peines étaient réservées à l'auteur d'un propos séditieux? La déportation avec la mort civile, et une amende qui pouvait équivaloir à la confiscation totale des biens. Mais le plus joli, c'est que la loi punissait aussi la *provocation indirecte* à commettre des écrits ou des propos séditieux. Voyez-vous bien ce que pouvait être une provocation, et *indirecte*, à commettre des écrits ou des propos séditieux ? La loi ne s'expliquait là-dessus que par un exemple, mais bien choisi ; c'était *provoquer* que de dire : Un tel a tenu tel propos séditieux.

On compléta ce beau système en créant des tribunaux spéciaux « plus rapides » pour punir ces grands, ces dangereux forfaits, si nettement définis. Ces tribunaux sont restés dans la mémoire du peuple sous le nom de cours prévôtales.

Les arrêts de ces cours, rendus en dernier ressort, sans cassation, étaient exécutoires dans les vingt-quatre heures.

Le droit de nommer des représentants chargés d'examiner la conduite, de vérifier les comptes du pouvoir exécutif et de consentir l'impôt est le premier, le plus élémentaire des droits. Nous allons voir comment il fut traité par la Restauration.

Les députés sont au pouvoir exécutif à peu près ce que sont les membres du conseil de famille au tuteur, les membres des assemblées d'actionnaires au conseil d'administration dans une compagnie. Tout le monde sent qu'il est absurde que la personne à surveiller, à critiquer, influe, si peu que ce soit, sur la nomination de la personne qui doit la surveiller.

D'autres raisons encore rendent l'ingérance du pouvoir dans la nomination des députés tout à fait déraisonnable. Le pouvoir exécutif est fait pour accomplir ce que la nation a décidé par le moyen de ses députés. Les députés servent à instruire le pouvoir des volontés, des sentiments du pays ; ils servent à traduire au pouvoir les opinions, les jugements du peuple à son égard. Ils l'avertissent à chaque instant de ce qu'il doit éviter pour rester en accord avec la nation, ce qui est son devoir et sa sécurité tout à la fois, comme le manomètre avertit le conducteur de la locomotive de la tension de la vapeur.

Si vous faussez l'instrument, si vous lui faites dire non ce que le peuple veut, mais ce que vous voulez vous-même, c'est une malhonnêteté et une imprudence qui sera punie tôt ou tard. Un conducteur de locomotive qui, bêtement glorieux, se dit : « Je ne veux plus obéir à l'ordre de ce petit instrument; dorénavant, c'est moi qui lui commanderai ce qu'il doit marquer, » reçoit bientôt le châtiment de sa sottise. Les gouvernements l'attendent plus longtemps, c'est pourquoi leur sottise n'est pas si évidente. Les gouvernements de la Restauration ni celui de Louis-Philippe n'ont jamais pu se résigner à remplir le plus élémentaire de leur devoir, celui d'attendre en paix, et avec la résolution de s'y conformer, la déclaration sincère, spontanée, du pays par les élections.

Loin d'être résolus à faire ce que la nation voudrait, ils ont toujours été résolus au contraire à chercher et à employer tous les moyens possibles pour que ce qu'ils voulaient faire eux-mêmes fût ou parût la volonté de la nation. Ils ne pouvaient pas dépraver davantage l'institution du suffrage.

Sous l'Empire, les hommes qui nommaient les députés étaient nommés eux-mêmes par le Sénat, et la plupart appartenaient à l'administration. On ne peut s'empêcher de se demander pourquoi le Sénat ne nommait pas les députés directement ou pourquoi il y avait des députés. Napoléon aurait pu se dispenser de cette hypocrisie d'une chambre des députés, mais aucun tyran n'a su excercer la tyrannie avec grandeur Dans tout tyran il y a un fourbe, ce qui rabaisse beaucoup cette illustre race de mortels. En 1815, quand les Bourbons restaurés convoquèrent leur première chambre, ce fut le corps électoral de l'Empire qui fut appelé à fonctionner. Talleyrand et Fouché étaient encore au ministère. Ils comptaient que la même machine leur donnerait les mêmes produits que sous l'Empire, et ils n'en étaient pas fâchés. L'événement les trompa. Partout les anciens fonctionnaires, votant sous les yeux des soldats étrangers qui occupaient alors la France ou sous les menaces des émigrés, choisirent des ultra-royalistes. Ce qui sortit de ces élections ce fut la fameuse chambre *introuvable*, la plus violente, peut-être, de toutes les chambres que nous ayons eues, sans en excepter la Convention (si l'on veut tenir compte des conjonctures incomparablement plus graves où se trouva la Convention), mais en tout cas la plus incapable.

Après avoir voté les lois sur la suspension de la liberté individuelle, de la liberté de la presse et les cours prévôtales, la chambre introuvable s'occupa de faire une loi électorale. Le pouvoir exécutif lui présenta un projet. Naturellement, les auteurs de ce projet avaient cherché des combinaisons propres, non à manifester exactement l'opinion de la majorité du peuple, mais à assurer l'élection de députés dévoués aux opinions, aux plans du pouvoir exécutif. Voici quels arrangements on avait pris pour cela : Il y avait deux degrés d'élection, des colléges de canton et des colléges de département. Le corps électoral du canton était composé en grande partie de hauts fonctionnaires. Les mêmes hommes figuraient encore dans le collége d'arrondissement et y balançaient les riches propriétaires. Le curieux, c'est que tous ne votaient pas nécessairement ; le roi avait la faculté de prononcer des exclusions. Avec un pareil système, les députés ne pouvaient être que des gens agréables aux ministres. Or, en ce moment-là, la chambre, en majorité ultra-royaliste, ne marchait pas d'accord avec le ministère, qu'elle trouvait suspect de jacobinisme. Sa commission, en conséquence, lui présenta un contre-projet. Les choses y étaient arrangées de manière à remettre le choix des députés à la disposition du parti ultra-royaliste. Les nobles ultras étaient tous de grands propriétaires, aussi le contre-projet formait-il deux corps électoraux, l'un inférieur, composé de propriétaires médiocres, l'autre supérieur, composé uniquement de grands propriétaires. Pour être éligible, il fallait payer 1,000 francs d'impôts. Le but de ces combinaisons était évident. « Ils veulent absolument rester députés, » dit le duc de Richelieu. La chambre se vota complaisamment cette belle loi, mais elle n'en profita pas. M. Decazes obtint du roi sa dissolution avant que la loi eût été promulguée, et une nouvelle chambre fut nommée avec un corps électoral qui était encore à peu près celui de l'Empire. Cette fois, les fonctionnaires ne suivirent que les ordres du pouvoir, et la chambre élue arriva avec une majorité dévouée à messieurs les ministres.

Un des premiers travaux de cette chambre de 1817 fut une loi électorale. Cette loi a été considérée à tort comme inspirée par une pensée libérale, parce que de fait elle devait favoriser et favorisa les libéraux. Les ministres qui la proposèrent et la firent adopter n'étaient rien moins que des libéraux, mais ils craignaient à cette époque le parti ultra, tandis que le parti libéral ne leur semblait pas bien dangereux. La loi fut faite en conséquence. Il n'y eut plus qu'un seul grand collége par département; cette disposition, appuyée de quelques autres, devait, suivant le calcul des ministres, soustraire les électeurs à l'influence des grands propriétaires ultras, quitte à voir çà et là quelques libéraux y trouver leur compte. La même pensée, ou plutôt le même intérêt, porta les ministres à se faire les promoteurs de nouvelles lois assez libérales sur la presse et sur la liberté individuelle. Je le répète, les libéraux ne paraissaient pas redoutables, d'autant que la plupart, en haine des ultras, avaient jusque-là marché avec le ministère. Mais qu'arriva-t-il? Chaque année on procédait à la réélection d'un cinquième de la chambre; il arriva que chaque fois les libéraux furent les plus avantagés; évidemment l'opinion publique leur était favorable, cela n'était pas contestable, puisque à mesure qu'elle avait plus de liberté pour s'expliquer, à mesure aussi elle nommait plus de libéraux. A la fin de 1829 il se trouva qu'il y en avait quatre-vingt-dix dans la chambre sur deux cent cinquante-sept membres. Des ministres sachant leur métier se seraient dit: « Il paraît que la France est libérale; il faut changer notre politique en ce sens. » M. Decazes, le gouvernant d'alors, se dit : « Je vais changer la loi électorale, pour empêcher que l'opinion publique ne se fasse jour davantage. » Sur ces entrefaites, le duc de Berry était assassiné, et le contre-coup renversait M. Decazes. Le parti ultra reprenait la prépondérance dans l'assemblée. Ce fut lui qui fit la loi électorale. En revenant au système des deux ordres de collége, en composant le corps électoral d'une majorité de propriétaires riches, il s'assurait la victoire pour les élections prochaines, en dépit de la nation, qui, par les élections précédentes, avait assez fait connaître ses préférences.

Cette loi a un côté excellent pour l'historien : elle provoqua dans Paris des troubles sérieux qui persistèrent une semaine. Un jour ils devinrent très-graves, et, sans une forte averse qui survint, peut-être le peuple allait-il chasser les Bourbons, avancer de dix ans la Révolution. Tous les témoignages s'accordent là-dessus ; la royauté fut probablement à deux doigts de sa perte. La presse, cependant, était-elle pour quelque chose dans ces troubles ? Pour rien du tout. Qui aurait causé cette révolution si elle fût arrivée ? Le parti gouvernant. En quoi faisant ? En trompant la volonté nationale et fraudant le pouvoir par le moyen d'une loi qui allait lui donner l'apparence de la majorité. Assurément, cette révolution eût été on ne peut plus juste.

A partir du jour où cette loi fut votée, les libéraux résolus se dirent : « On nous ôte le moyen, l'espoir de vaincre légalement; on s'arrange de manière que nous soyons toujours vaincus et que le nombre ne nous serve de rien. La ruse prévaut contre le nombre. C'est bien, contre la fourbe nous recourrons à la violence. » Les sociétés secrètes datent de ce moment. Durant deux ans on vit éclater coup sur coup des conjurations menaçantes, sans compter celles qui n'aboutirent pas et sont demeurées inconnues; on calcule que soixante mille personnes environ entrèrent dans les sociétés secrètes, et ces soixante mille étaient assurément les forces vives de la France.

On touche là du doigt l'origine des projets violents des oppositions. On voit comment, quand la voie légale est fermée, un peuple entre dans la voie révolutionnaire.

La loi électorale produisit ce qu'elle avait été destinée à produire : une chambre qui reprit la politique absurde de 1815. De 1820 à 1826, la contre-révolution alla toujours progressant. En 1824, on perfectionne encore sur un point la loi électorale. Le parti ultra sentait le besoin d'avoir devant lui une période assez longue de domination tranquille et assurée, pour accomplir à l'aise la reconstruction de l'ancien régime. Il se vota une loi qui abolissait le renouvellement partiel et annuel de la chambre, et établissait que la chambre demeurerait sept ans en exercice. A partir de ce moment, la réaction marcha d'un pas rapide, mais une nécessité qu'il serait trop long d'expliquer ici obligea le ministre ultra M. de Villèle à dissoudre la chambre bien avant les sept ans. En 1827 on procéda à des élections générales. Ces élections donnèrent un résultat tout à fait inattendu. Les ultras en avaient tant fait qu'ils avaient mécontenté, exaspéré tout le monde, y compris les royalistes intelligents; ils n'avaient satisfait que le clergé. L'accord des libéraux de toute nuance et de la plus grande partie des royalistes prévalut contre les dispositions de la loi et contre les manœuvres des fonctionnaires. La majorité de la chambre se trouva être libérale. Elle imposa à Charles X le ministère de M. de Martignac.

Le roi, qui était ultra, supportait ce ministère avec impatience; au premier échec qu'il eut devant la chambre, le roi prit ce prétexte pour le congédier et forma le ministère Polignac. celui-ci renvoya la chambre, qui lui était hostile.

Le pays, à son tour, renvoya la même chambre à M. de Polignac. Il fallait ou que Charles X se mît à gouverner libéralement, suivant le vœu manifeste de la nation, ou qu'il empêchât la nation de plus manifester ses vœux. C'est naturellement ce parti qu'il adopta. Et il y a encore aujourd'hui des gens qui se demandent pourquoi la nation jeta dehors ce commis qui se croyait si obstinément un maître légitime!

Cependant on aurait une fausse idée de la patience des Français, qui est assurément très-grande, si nous ne montrions pas quelques autres côtés de ce gouvernement des Bourbons.

Le pouvoir exécutif ne se contentait pas de faire manipuler la loi électorale par le Corps législatif toutes les fois qu'il en avait besoin. Il pesait sur les élections par tous ses agents; il employait à surprendre ou à dominer la volonté des électeurs tous les moyens, toutes les ressources que la nation lui avait mises dans la main.

Ainsi, pour commencer, le pouvoir exécutif prit toujours soin, sous la Restauration, de désigner au public les candidats qui lui étaient agréables; il y eut dès ce temps-là des candidats officiels. Les hommes que le pouvoir exécutif nommait dans chaque collége pour présider aux élections étaient par cela même recommandés aux électeurs libres, imposés aux électeurs fonctionnaires.

Quand le gouvernement désigne à la nation les gens par qui il lui serait agréable d'être contrôlé, c'est comme s'il disait : « Envoyez-moi donc des surveillants qui ne me surveillent pas. »

C'était déjà assez inconvenant et assez absurde que le pouvoir exécutif proclamât ses préférences en pareille affaire. (Pour bien juger cela, imaginez un particulier, un gérant quelconque, dont il s'agit d'examiner la gérance. Si cet homme est délicat, s'il n'a rien à se reprocher, il ne fera rien assurément pour influencer le choix de son examinateur; il ne voudra même pas le connaître. Ainsi se comporte la délicatesse privée. Il n'y a ni deux morales ni deux bon sens.) C'était déjà assez inconvenant, dis-je, mais vraiment on passait bien loin par delà. Scapin avait la cervelle moins fertile en bons tours, en aimables supercheries, que l'administration de Louis XVIII ou de Charles X. Par exemple, elle dissolvait la chambre tout d'un coup et fixait sa réélection à un terme très-prochain pour que l'opposition n'eût pas le temps de se concerter. Les préfets dressaient les listes électorales, et il n'était friponneries qu'ils ne fissent pour en éliminer les électeurs hostiles. Chaque électeur, pour être porté sur cette liste, avait certaines pièces à produire, entre autres un certificat du percepteur constatant sa cote d'impôt. Le percepteur trouvait moyen de délivrer le certificat trop tard, ou il y insinuait une erreur, une inexactitude, sur laquelle le préfet se récriait vertueusement : Il faut de l'exactitude dans une administration qui se respecte! On vit un électeur du prénom de Chrysostome refusé parce que le percepteur avait eu soin d'écrire son prénom sans *h*. Il fallait 300 francs d'impôts pour voter : un électeur qui en avait jusque-là payé 400 se voyait taxé à 299 fr. 50 c. l'année de l'élection, et exclu en conséquence du collége... que sais-je?

Certains préfets préféraient la force à la ruse. Sans explication, ils ôtaient tout simplement de la liste cinquante, cent opposants, et les remplaçaient par autant de royalistes. Qui n'a lu la charmante lettre de Courier? Son préfet, pour le laisser voter, lui demandait simplement de prouver qu'il n'avait pas voté ailleurs. A la réflexion on sent combien cette preuve d'un fait négatif était chose aisée et prompte à faire. Courier avait beaucoup d'esprit, le préfet aussi, dans un autre genre. Il avait l'esprit administratif.

Il est bien entendu que tout ce qui, de près ou

de loin, dépendait du pouvoir, tout ce qui se trouvait à la portée de ses coups devait voter et faire voter pour lui ou s'attendre à tout. On rendait les fonctionnaires responsables des votes de leurs parents; tant pis pour eux s'ils n'avaient pas d'influence sur leurs proches. Les huissiers, les notaires, les libraires, les imprimeurs, les maîtres de poste n'étaient pas plus libres de leur vote que l'agent le plus politique.

L'administration, du reste, avait le courage de ses principes; elle les publiait par la bouche de tous les hauts fonctionnaires. M. de Peyronnet, ministre, parlant à la magistrature, à ce fameux corps, le plus honorable de l'État, à ce corps qui est indépendant et doit l'être nécessairement, à ce qu'on dit, parce qu'il est inamovible, le haranguait en ces termes : « Quiconque accepte un emploi contracte en même temps l'obligation de consacrer au gouvernement ses efforts, ses talents et son influence; c'est un contrat dont la réciprocité forme le lien. Le gouvernement ne doit plus rien à celui qui ne lui rend pas ce qu'il lui doit. » Vous jugez sur cela comme M. de Peyronnet devait parler au corps infime des huissiers! J'imagine que M. de Peyronnet payait les fonctionnaires français non avec l'argent de tous, mais de son propre argent!

Je crois qu'en cherchant bien on trouverait encore aujourd'hui des gens pour professer qu'un fonctionnaire entré dans l'administration sous Louis-Philippe, et qui n'a pas dû prévoir l'avénement de Napoléon ni celui de M. Pinard, est cependant obligé de soutenir quand même M. Pinard ou de renoncer à son gagne-pain. Il n'y a qu'une chose à dire à ces braves gens, c'est que si sa majesté Napoléon III et son excellence M. Pinard payent le fonctionnaire en question, ils le font à titre de particuliers, comme je le paye moi-même; que le fonctionnaire ne leur appartient pas plus qu'à moi, et que, d'ailleurs, il nous en donne à eux et à moi pour notre argent quand il remplit bien son office. Si nos gouvernants veulent qu'il vote pour eux, c'est un service qu'il leur faut payer en sus de leur poche; encore restera-t-il un compte à régler à ce sujet entre eux et moi.

D'autres vous disent: « Le gouvernement ne peut permettre aux partis d'égarer l'opinion; il a le droit d'éclairer l'opinion et de guider les électeurs. » Destituer un huissier pour cause de vote, vous appelez cela éclairer l'opinion! Seigneur Dieu! que la métaphore est tirée de loin. Enfin, mettons. Vous voulez éclairer, vous prétendez que vos adversaires égarent l'opinion; mais voyez! vos adversaires disent qu'ils éclairent et que c'est vous qui égarez : qui décidera? La nation? Mais il faut, s'il vous plaît, que vous laissiez la nation se décider librement, sans pression quelconque. « Les partis la tourneront contre nous? » A cela il ne faut que deux mots de réponse : ou vous avez votre parti dans la nation, qui tâchera de la tourner pour vous, et il n'y a qu'à le laisser faire, ou vous n'avez pas de parti, et il ne vous reste qu'à vous retirer.

Votre parti, si vous en avez un, luttera contre les partis hostiles à armes égales ; vous, vous ne sauriez le faire, vous avez en main trop d'engins redoutables, et comme nous, qui les payons ces engins, ne vous les avons pas donnés pour forcer nos volontés sous prétexte de les éclairer, nous vous prions de rester tranquilles.

Si la nation a besoin d'être protégée contre les mensonges des partis autrement que par la publication de la vérité, qui ne vous est jamais défendue, que je sache, s'il faut employer, pour protéger la nation contre les égarements de son esprit, l'influence de l'administration, qui n'est jamais que de la force, il serait plus simple d'ôter à la nation le droit de vote; mais alors, la nation n'ayant plus de volonté, au nom de quoi gouvernerez-vous?

Quand le gouvernement présente et appuie partout des candidats à lui, je suppose que c'est avec l'intention de les faire triompher. Admettez qu'il réussisse entièrement. La nation n'a plus pour surveiller le gouvernement que les surveillants que le gouvernement a lui-même choisis. Vous dites que ces choix sont excellents, que ses candidats sont nécessairement des gens impartiaux, indépendants ; mais alors, si le gouvernement est si sage que cela, pourquoi ne choisit-il pas tout seul? ce serait plus franc et plus court. Je ne comprends pas bien ceux qui ne veulent pas que le pouvoir nomme directement nos députés et qui veulent qu'il les nomme indirectement. Leur idée est vraiment trop originale.

Mais revenons. Comprenez-vous l'irritation des adversaires du gouvernement de la Restauration? Ils sentaient, ils savaient qu'ils étaient la majorité de la nation, et cependant, grâce aux lois sur le vote, sur la presse, sur les réunions ; grâce à l'armée, à la magistrature, à l'administration, ils se voyaient maintenus et maîtrisés sous la main insolente, insultante, d'une petite minorité; aucun espoir de changer légalement cet état de choses, et cependant cela pressait.

Cette petite minorité absurde rêvait hautement

la restauration de l'ancien régime, exécration de tous; de temps à autre, elle semblait par quelque loi rétrograde se préparer à un rétablissement intégral. La loi sur le sacrilége, l'indemnité d'un milliard payée à des gens qui avaient guidé les armées étrangères chez nous, l'état civil rendu au clergé, et d'autres mesures de ce genre, faisaient attendre à chaque instant un coup d'Etat qui jetterait par terre tout l'édifice de la Révolution, payé de tant de larmes, de tant de sang. Les moines couraient partout, avaient la main dans tout. Ils dressaient dans les villes de grands calvaires au pied desquels il fallait, selon eux, aller expier tout ce qui avait été fait depuis trente ans; ils y traînaient, par peur ou par promesse, les fonctionnaires, les marchands, les commerçants, tout ce qui avait à craindre le mécontentement du pouvoir ou les manœuvres du clergé. Ils barraient la voie publique de leurs processions, subordonnaient toute autorité, arrêtaient tout mouvement, empêchaient toute affaire tant que duraient leurs cérémonies prolongées à plaisir des semaines entières. Chacun voyait venir ce qui est bien la chose la plus révoltante du monde, ce qu'on connaissait trop bien, la tyrannie imperturbable, infatigable et pénétrante du prêtre.

Et c'est à cette nation irritée de longue main, ulcérée à fond, profondément alarmée sur ses intérêts les plus chers (un grand nombre d'hommes, héritiers à divers titres des acquéreurs de biens nationaux, craignaient de se voir dépossédés), c'est, dis-je, à une nation enfiévrée par les sentiments les plus violents que Charles X, un beau matin, va jeter son défi. Deux fois en une saison il renvoie honteusement les représentants de la nation, et prétend régler lui seul par ordonnance la destinée de ses commettants. On lui répondit par des coups de fusil, et on fit, non pas bien, mais excellemment.

Jamais il n'y eut un acte plus moral, plus sain et plus politique que cette révolution de 1830. Si la France ne l'avait pas faite, le caractère national s'abaissait de plusieurs degrés. Sans parler des conséquences politiques infiniment déplorables qui auraient suivi à coup sûr, la moralité en aurait été, en chaque citoyen, atteinte grièvement et beaucoup diminuée.

On nous rabat les oreilles sans cesse de la gloire militaire, mais en voilà de la gloire et de la meilleure ! Si j'avais le temps et la place, je montrerais que c'est une autre affaire de résister armes en main à un pouvoir tyrannique que de se battre en rangs contre l'ennemi. Quiconque, au reste, voudra réfléchir verra de lui-même les différences. Quel peuple n'a dans son bagage les lauriers de quelque victoire? Rien n'est plus banal. Mais tous les peuples ne peuvent pas se vanter d'avoir chassé à leurs risques un gouvernement malhonnête et armé. Et il y a des gens qui disent encore que ce sont les violences, les exagérations de la presse qui ont soulevé le peuple de Paris en 1830. Cependant, messieurs, il y avait assez des faits réels pour cela; il y avait assez des excès incontestables du gouvernement. Mais vous pensez sans doute que le peuple ne sentait pas, ne comprenait pas les torts réels, les injures réelles du gouvernement, tandis qu'il comprenait, sentait les torts imaginaires, les injures fictives inventées par les journaux. J'ai rencontré peu d'opinion aussi burlesque! Et c'est à la pauvre presse de la Restauration, à peu près garrottée, qu'on voudrait faire honneur de ce grand et noble mouvement! Je ne veux pas discuter sur le plus ou le moins de liberté dont elle jouissait. Mettons qu'elle eût pu dire et qu'elle eût dit tous les matins les choses les plus violentes : que Louis XVIII était un Néron, Charles X un imbécile, que les ultras étaient des fous, tout ce qu'il vous plaira en ce genre :

croyez-moi, avec tout cela, elle n'aurait jamais suscité l'émeute la plus bénigne. Mais quand le duc de Feltre distribuait tous les anciens soldats de Napoléon en diverses catégories de suspects et réglait là-dessus ses persécutions, il préparait sérieusement la révolution; c'était là du travail révolutionnaire effectif; quand le gouvernement permettait aux missionnaires de mettre une ville sens dessus dessous, d'en humilier, d'en effrayer ou d'en vexer tous les habitants, il avançait l'œuvre laborieuse de son expulsion. Toutes les violences dénuées de fond que la presse aurait vomies en un an ne pouvaient pas valoir cette petite ligne irréprochable insérée dans un journal: « Hier, le représentant Manuel a été expulsé de l'Assemblée par un gendarme. » Mais il est convenu que ces excès-là n'émeuvent personne, parce qu'ils sont vrais; ah! s'ils étaient faux et inventés, ce serait une autre affaire!

CHAPITRE X

I

Il ne convient pas de mettre sur le même rang le gouvernement de la Restauration et celui de Louis-Philippe ; celui-ci n'eut rien d'intolérable, on aurait pu le garder. Est-ce à dire pour cela que la nation qui l'a renversé ait manqué d'équité à son égard ? Pas le moins du monde. Tout au plus manqua-t-elle de patience ou, si l'on veut, de charité ; je le répète, elle aurait pu garder Louis-Philippe, le mieux intentionné de nos rois, sans conteste. Si elle l'eût fait, elle n'aurait point eu à en rougir ; elle l'a chassé, elle n'a point à faire amende honorable, son expulsion serait trop facile à justifier ; c'est une sévérité peut-être, non une injustice. Au reste, cette expulsion fut un hasard, c'est-à-dire qu'elle fut causée par un accident tout particulier et qui aurait pu ne pas arriver. La révolution de 1848 ne fut pas un de ces desseins que chacun nourrit profondément et garde en réserve jusqu'à l'occasion propice, comme fut la révolution de 1830.

Louis-Philippe monta sur le trône avec des idées singulières, qu'on peut lire tout au long dans les *Mémoires de M. Guizot.* Ces Mémoires sont décidément très-instructifs; ils sont faits pour diminuer l'antipathie de bien des gens, pour détruire leurs préventions contre le caractère de l'ancien ministre du roi Louis-Philippe; mais, d'autre part, on y voit un défaut de logique, j'oserai dire de raison politique, invraisemblable. Rien n'explique mieux la révolution de 1848. M. Guizot et le roi avaient à ce qu'il paraît les mêmes idées; pour un esprit net et précis, ces idées, je le répète, sont un véritable étonnement. Ainsi, le roi Louis-Philippe prétendait tout à la fois régner comme élu par la nation et comme né Bourbon. Pour lui, ainsi que pour M. Guizot, d'ailleurs, admettre que la nation qui l'avait fait roi le pouvait défaire, c'était le trait d'un esprit subversif et révolutionnaire.

Le roi et son ministre auraient voulu effacer la révolution de 1830, continuer simplement la Restauration et faire qu'il n'y eût rien de nouveau en France que le roi. C'est ce qu'ils appelaient la politique de résistance. Ils étaient décidés à ne rien changer, et si la nation désirait quelque changement, à éluder la volonté de la nation. Peut-on voir une plus mauvaise idée?

Résister, c'est tout juste la formule de la politique contraire à celle qu'indique le bon sens, à la vraie politique comme on la pratique en Angleterre. Là on sait bien que la probité et l'habileté consistent précisément à toujours céder.

M. Guizot ne laisse aucun doute à cet égard; il s'agissait de ne rien faire au fond, de maintenir le *statu quo* et de se tirer au meilleur marché possible des affaires qui pourraient survenir. Ne rien faire est une bonne maxime assurément, si l'on entend par là que le gouvernement ne fera rien de son chef. Mais il faut laisser la nation faire quelque chose, et, quand elle a arrêté un changement, obtempérer à ses désirs. Il faut laisser à l'individu la liberté de chercher les remèdes aux maux, aux vices qui abondent en toute société, lui laisser l'espoir qu'en joignant son action à celle de ses voisins, il pourra établir peu à peu un ordre meilleur.

C'est une utopie des plus étranges que de vouloir rester soi-même et maintenir les autres immobiles. Si les hommes étaient parfaitement heureux, cela serait peut-être praticable; mais dès qu'ils souffrent ou sont gênés pour la plupart, il faut s'attendre qu'ils chercheront obstinément leurs aises et qu'ils s'agiteront en tous sens pour se les procurer. Les partis politiques, leurs projets, leurs rêveries, sont aussi inévitables que le cours de l'eau sur une pente. Il ne faut ni s'en étonner ni s'en effrayer. Le roi et M. Guizot étaient au contraire des gens effrayés. La peur leur joua le tour qu'elle a joué à tant d'autres.

Ils commencèrent par se donner le tort de ne pas consulter la nation. Un esprit logique, à leur place, n'aurait peut-être pas établi tout de suite le suffrage universel, mais il l'aurait indiqué dans l'avenir; il aurait dit : « Le suffrage universel est de droit, notre visée doit être de l'établir un jour. Nous allons fonder partout des écoles, nous allons supprimer le timbre, le cautionnement, afin que les journaux puissent se vendre à bon marché et qu'ils se multiplient; nous allons abolir les lois sur la presse et maintenir la liberté qui existe actuellement quant aux réunions publiques. Par ces moyens l'éducation du peuple se fera rapidement, et quand elle sera faite nous proclamerons le suffrage universel. En attendant, nous allons porter une loi d'après laquelle seront électeurs tous les hommes qui, par leur fortune ou leur éducation, nous présentent quelque garantie de capacité ; électeurs, tous ceux qui payeront 100 fr. d'impôt foncier, tous ceux qui exercent des professions libérales. Ce corps électoral sera appelé à voter sur l'élévation du roi Louis-Philippe au trône de France. » Nul doute que la France n'eût confirmé le choix de Paris et de la chambre. Au lieu de cela, que fit-on ? On maintint le cautionnement pour la presse, on maintint le timbre. On abaissa un peu le cens électoral ; mais encore pourquoi ? Parce que ce système devait donner dans les élections la prépondérance à la classe moyenne, qu'on savait être la classe la plus dévouée au gouvernement, la plus timide aussi et la moins disposée à un changement quelconque. C'était faire comme la Restauration, arranger la loi électorale, non pour qu'elle exprimât exactement l'opinion du pays, mais pour que le pays répétât en écho l'opinion du gouvernement. C'est comme cela qu'on arrive en pleine sécurité à une opposition générale et à une révolution qui vous balaye inopinément, l'instrument qui aurait pu avertir ayant été faussé.

Le parti républicain n'existait pas ou était bien

faible ; grâce à ces maladresses, on le créa. On sait bien que Carrel n'était pas républicain au lendemain des journées de juillet. Ce qui arriva à lui a dû arriver à bien d'autres.

Il y avait des clubs turbulents — menaçants, je le veux bien — on les ferma ; aussitôt les sociétés secrètes s'ouvrirent, c'était inévitable. Quand on ôte aux partis la liberté de réunion, de discussion, on ne supprime pour cela ni les partis, ni leur besoin invincible d'activité ; mais on les oblige à poursuivre, par des moyens occultes et violents, ce qu'ils ne peuvent plus attendre de la propagande paisible et augrand soleil. On fait pis encore, on les empêche de se former une éducation politique, on les rejette dans les chimères, dans les utopies absurdes qui seraient mortes à la lumière ; on les rend capables de tout, et on doit avec justice porter la responsabilité de leurs folies et de leurs crimes. On ferma les clubs sous le prétexte qu'ils fomentaient l'émeute ; je ne vois pas comment ils auraient fait pour causer plus d'insurrections que les sociétés secrètes n'en produisirent de 1830 à 1840 ! « Les partisans de Louis-Philippe, la bourgeoisie, le commerce, demandèrent à grands cris la fermeture des clubs, dira-t-on. Les clubs les empêchaient de dormir. » —

raison de plus pour laisser subsister les clubs.

M. Guizot, dans ses *Mémoires*, fait une observation très-juste : « L'opposition, dit-il, avait plus de journaux que le gouvernement. Le parti du gouvernement ne savait pas ou ne voulait pas se servir de la presse comme il l'aurait pu. » Non-seulement les orléanistes ne se servaient pas de la presse, mais ils ne se servaient pas non plus du droit de réunion, dont les républicains usaient largement. En France, le parti qui est parvenu au gouvernement pense tout de suite à en profiter pour se reposer, pour s'abandonner à l'inertie. Il devrait défendre le gouvernement de son choix ; il trouve plus commode que le gouvernement fasse des lois pour interdire l'action, la propagande, aux partis opposés. Il lui dit : « Défendez-vous donc, proposez des lois restrictives, je les voterai. » On présente les lois, il les vote et s'endort. Un gouvernement sage leur répondrait : «Messieurs, c'est à vous de me défendre, c'est votre intérêt plus encore que le mien ; vous me demandez des lois contre la liberté, cela flatte aujourd'hui votre paresse ; si j'impose silence aux adversaires, vous n'aurez pas la peine de répondre, sans doute ; mais savez-vous ce qui arrivera? C'est que je tomberai : les lois n'ont jamais défendu un gouvernement; c'est l'activité, le dévouement seul de ses partisans, qui peuvent le soutenir. Vous allez prendre l'habitude de l'inaction; le jour où je serai attaqué, vous ne saurez plus agir. Il n'est pas sûr, en outre, que vous-mêmes ne me reprochiez pas à la fin le caractère abusif des lois que vous me demandez à présent. » Jamais M. Guizot, en dépit de son observation, n'a tenu ce langage. « Après chaque émeute, après chaque attentat, nos partisans, dit-il, nous demandaient de prendre des mesures coercitives propres à les rassurer. » Il ne fallait pas les rassurer, c'est bien là ce qui vous a perdus. Il valait mieux laisser la paresse et la timidité bourgeoises s'indigner contre vous, vous reprocher de la faiblesse, de la nonchalance; ils vous en auraient plus énergiquement défendus.

Un gouvernement, avec les moyens dont il dispose, peut vaincre un parti dans la rue; il peut l'accabler de sa force, il ne peut pas le vaincre moralement; et si le parti est énergique, il se relèvera toujours. Le lendemain d'une défaite, le parti républicain, sous Louis-Philippe, se montrait plus indomptable que la veille. Si le gouvernement, s'effaçant, eût mis ce parti aux prises avec son parti à lui, qui, le lendemain d'un attentat ou d'une émeute, était presque toute la nation, s'il se fût abstenu de rigueurs, que serait-il advenu? Je crois que bon nombre de ces républicains, qui se piquaient de ne reculer ni devant les balles de la ligne, ni devant la déportation, auraient mal supporté l'expression pure et simple du blâme universel.

La question capitale et même unique du règne de Louis-Philippe, c'est la réforme électorale. La réforme demandée portait sur deux points : 1° que les députés ne pussent pas devenir fonctionnaires ou les fonctionnaires députés; 2° que le corps des électeurs s'ouvrît et reçût dans son sein de nouveaux membres; qu'un plus grand nombre de Français fût appelé à voter sur les affaires de la France. — Sur le premier point, tous les partisans de la réforme étaient d'accord; sur le second point ils différaient, les uns voulant faire entrer dans le corps électoral un nombre plus ou moins grand de citoyens, sous le titre de capacités, les autres voulant y faire entrer toute la partie masculine du pays.

Je ne comprends pas comment des hommes intelligents, consciencieux, ont pu repousser le premier point; il est si évidemment absurde qu'un fonctionnaire soit député, dans un pays où l'on n'a jamais sérieusement admis que les fonctionnaires aient le droit de voter contre le gouvernement! Un fonctionnaire a trop à attendre ou à craindre du gouvernement pour être parfaitement libre en face de lui; et puis enfin, un fonctionnaire doit accomplir les fonctions pour lesquelles il est payé; s'il est député, il négligera ou sa fonction ou son mandat. Pourquoi alors ne permettrait-on pas aux fonctionnaires d'adjoindre à leur place un petit commerce d'épicerie!

Plus délicats et d'une probité plus susceptible, les gouvernants de cette époque auraient été d'eux-mêmes au-devant de cette innovation. Il me semble qu'à leur place je n'aurais pas voulu avoir pour juges, pour examinateurs de ma conduite, des gens qui auraient dépendu de moi en quoi que ce soit.

Les gouvernants prétendirent que la nation ne désirait aucunement la réforme; qu'en savaient-ils et qu'en pouvaient-ils savoir? Leur meilleure raison était à coup sûr qu'ils désiraient eux-mêmes que la nation ne désirât pas de réforme. Mais, s'ils avaient voulu se renseigner, ils n'avaient qu'une conduite à tenir : laisser l'opposition promener librement ses banquets, respecter la spontanéité des électeurs et attendre l'expression de leur volonté; et, les électeurs se déclarant pour la réforme, l'accomplir sans humeur, sans humiliation. Mais quoi ! c'est une chose étrange ! Un ministre français se considère comme un vaincu quand le pays lui demande autre chose que ce qu'il avait lui-même projeté de faire : c'est un amour-propre aussi sot, aussi fou que si un commis se dépitait de recevoir l'ordre de son patron pour faire une affaire autrement que lui-même ne l'avait comprise.

Dès qu'ils virent que les partisans de la réforme rencontraient de l'écho dans le pays, nos gouvernants leur défendirent d'interroger l'écho ; ils défendirent les banquets, en donnant pour raison que les adhésions recueillies par l'opposition étaient artificielles, c'est-à-dire, en bon français, que ceux qui venaient à ces banquets attester leurs désirs étaient de pauvres esprits qui d'eux-mêmes n'auraient jamais songé à cela, mais qui, entendant l'opposition demander la réforme, s'étaient imaginé qu'ils la désiraient aussi. En résumé : Le pays ne désirait aucun changement, suivant eux ; le pays semblait-il s'agiter, au contraire : « Agitations, aspirations factices ; » et on prenait des mesures coercitives. Comment répondre à des gens si irritants autrement que par des coups de fusil ?

Rien n'était plus révolutionnaire que ce dédain

des ministres pour une bonne partie du pays.

M. Guizot, en méprisant l'opposition dynastique, la bourgeoisie libérale, enseignait aux républicains absolutistes de l'époque qui voulaient établir la République par la force, que la France la voulût ou non, leur enseignait, dis-je, le mépris de la volonté publique. Au reste, tous nos gouvernements ont fait la même faute. Leur conduite semblait dire aux minorités résolues : « La France ne sait pas ce qu'elle veut ; au fond, elle n'a pas d'opinion sérieuse. Il n'y a de sérieux que l'administration, et qui a l'administration peut conduire la France où bon lui semble. » Les sociétés secrètes répondaient : « Vous avez raison ; nous allons tâcher de nous emparer de l'administration. »

Ce qui arrive présentement en Angleterre est la condamnation formelle et sans réplique du règne de Louis-Philippe. C'est qu'en Angleterre, les ministres savent céder ; tout est là. Ils sont pénétrés de l'idée moderne qu'ils n'ont d'autre caractère que celui d'agents, de mandataires. Dès qu'ils ne peuvent plus douter de la volonté de leurs mandants (et ils laissent toujours à ceux-ci la liberté de s'expliquer), ils s'inclinent sans fausse honte. En France, en dépit des mots, des discours, des livres et des institutions superficielles qui peuvent nous donner un air moderne, nous n'avons jamais cessé d'être des Goths, des gens du moyen âge en politique. Nos ministres ne sont jamais sortis de l'idée du gouvernement père et tuteur de la nation, et quand la nation a paru vouloir autre chose que ce qu'ils voulaient, ils se sont toujours indignés comme un père qui recevrait une leçon de son fils. Ils se sont relevés dans leur dignité : « Non, nous ne céderons pas. » Que de sottes fiertés dans le monde ! Mais nulle, à coup sûr, n'est plus sotte que celle-ci, et j'ajoute n'est plus coupable.

Ce que les ministres du roi Louis-Philippe ignoraient aussi, c'est que plus il y a dans un pays de personnes mêlées aux affaires publiques, de personnes occupées de politique, moins ce pays est exposé aux révolutions, par la raison bien simple que la hardiesse et la témérité sont l'apanage ou le défaut d'un petit nombre. La plupart des hommes craignent le changement. A mesure qu'on traite avec un plus grand nombre d'hommes, à mesure aussi on a plus de chance de faire accepter des résolutions tranquilles et des progrès lents. Là où la masse de la nation s'occupe librement de politique, il est certain que l'opinion publique maîtrise le gouvernement (ce qui doit être), mais aussi elle le couvre et le soutient.

Là où il n'y a qu'un petit nombre d'hommes appelés à la vie publique, le gouvernement, en le supposant soutenu par la majorité, a contre lui une minorité qui ne peut pas être bien inférieure. Dans ces conditions, l'audace, l'activité, peuvent aisément compenser dans la minorité ce qui lui manque du côté du nombre. Vienne une occasion et que la majorité se montre un peu lasse, un peu mécontente de son gouvernement, si la minorité est énergique, osée, ce jour-là, c'en est fait du gouvernement : il tombe tout à coup entre les deux partis également étonnés, l'un de sa victoire, l'autre de sa défaite, tandis que la nation même, la masse du peuple, étrangère à la querelle, regarde cette chute avec une stupéfaction indifférente. C'est l'histoire de la révolution de 1848.

Je voudrais me passer quelques détails, mais l'étendue de ce livre ne le permet pas; je ne relèverai qu'un point, parce qu'il peint l'esprit français.

L'opposition prétendait avoir le droit de former des réunions, et le gouvernement était contraint d'avouer qu'il n'y avait pas de loi formelle qui les défendît; le ministre, en conséquence, aurait dû présenter une loi à ce sujet, et en attendant rester tranquille.

Tout le monde sait qu'à un moment l'opposition et le gouvernement firent un accord singulier. Il fut convenu que les membres de l'opposition trouveraient au lieu du banquet un commissaire qui les sommerait de se retirer; qu'ils passeraient outre; que le commissaire verbaliserait, puis se déclarerait prêt à employer la force; que, devant cette menace, le banquet se dissoudrait volontairement. Cette convention était une trahison du droit. Le gouvernement n'était pas sûr de sa cause, puisqu'il consentait à déférer la question aux tribunaux, et il prétendait agir comme s'il en était sûr, en empêchant préalablement la réunion. La liberté de la réunion, au contraire, aurait dû être respectée provisoirement. Dans le doute, c'est le pouvoir qui doit s'abstenir, non l'individu. Ce qui n'est pas défendu est permis, et c'est enfin la liberté qui est l'état normal. A l'aberration qui fut commise alors je reconnais tout à fait la France, le sens politique de mon pays ou au moins des classes supérieures.

Le peuple, lui, ne l'entendit pas ainsi; il voulut se réunir d'abord, de gré ou de force. En cela sa conduite fut non-seulement conforme à la dignité, à la virilité, à ce que des hommes se doivent, mais encore aux principes les plus simples de la politique.

Supposez cependant qu'au lieu de juges nommés par le pouvoir, il y eût eu alors chez nous des juges élus par le peuple, à l'américaine, personne, même dans le parti républicain, n'aurait pu raisonnablement demander autre chose que la permission préalable de faire le banquet, quitte à en répondre devant les juges, arbitres indépendants. Mais avec des juges nommés par le pouvoir, cette transaction était impossible.

Avec tout cela, sans le massacre du boulevard des Capucines, le 23 février au soir, la République de 48 serait-elle arrivée? Ce n'est pas probable. Rappelons brièvement le fait. Il y avait, vers huit heures du soir, le 23 février, un bataillon qui gardait l'hôtel du ministre des affaires étrangères. Ce bataillon s'était rangé en travers du boulevard et coupait la circulation. Pourquoi? dans quel but? pour quelle utilité? Je le dirai tout à l'heure. Donc, un bataillon barrait le boulevard, interceptait la circulation. Voilà qu'arrive tout à coup du faubourg Saint-Antoine une colonne de peuple, dix mille, quinze mille hommes peut-être, nullement avertis de l'obstacle. Ils arrivent, les rangs de derrière poussant ceux de devant de proche en proche. Les premiers rangs voient tout à coup devant eux une ligne de soldats; mais les derniers, qui ne voient rien, continuent de pousser. Les premiers continuent donc à avancer par force. Le colonel ou commandant, ne voulant pas laisser enfoncer sa ligne, ordonne de croiser la baïonnette. Les soldats abattent leurs fusils sur le poing gauche. Dans ce mouvement, un fusil part; les soldats, qui croient entendre le signal de faire feu, tirent à la file à bout portant. Voilà cinquante personnes par terre, baignant dans leur sang. Naturellement, la foule croit à un massacre prémédité. Pourquoi? Cela s'explique très-bien. Le roi venait de céder à l'insurrection. On sait bien que ces concessions ne se font pas de bon cœur; de là à supposer que le roi avait eu dessein de ressaisir par une surprise, par une trahison, ce qu'il avait été contraint d'accorder à la violence, il n'y avait qu'un pas. Il aurait fallu avoir l'esprit plus calme et une connaissance plus exacte du caractère du roi que n'en ont les foules, pour ne pas donner dans ce soupçon. Ce que le peuple pensa alors, il devait le penser nécessairement; il se défiait déjà assez. S'imaginant alors qu'il ne pouvait plus y avoir de paix sérieuse entre lui et le roi, *il* lui parut qu'il devait se remettre à la merci du gouvernement ou le chasser. Les barricades se relevèrent, et on se prépara à la plus énergique résistance. Tout cela s'enchaînait rigoureusement. Mais pourquoi plaçait-on des soldats en travers du boulevard, au lieu de les ranger parallèlement? Ah! voilà justement l'affaire! C'est qu'en France l'autorité, même quand elle est vaincue, même quand elle cède au fond, veut rester en apparence l'autorité. Et à quoi, s'il vous plaît, reconnaît-on l'autorité, si ce n'est à ce qu'elle impose aux citoyens quelque gêne qu'on n'explique pas, qu'on ne justifie pas. Une fois la victoire accordée au peuple, il aurait fallu retirer tous les soldats de la voie publique, les consigner dans les casernes, et laisser la garde nationale faire la police. Voilà ce qui convenait à la situation humiliée du gouvernement, ce que la logique de cette situation commandait. Mais non! en France, on croirait tout perdu si le gouvernement ne gardait pas au moins le haut du pavé. Cette manie, très-enracinée chez nous, perdit le gouvernement de Louis-Philippe.

CHAPITRE XI

Évidemment, les gouvernements sont les premiers auteurs des révolutions qui les renversent. Jusqu'ici ils semblent tous s'être proposé pour but de se faire mettre dehors dans moins de vingt ans ; mais, il faut le dire, nos institutions servent merveilleusement ce dessein inconscient ; elles se prêtent on ne peut mieux aux révolutions.

Pour moi, je crois que mes concitoyens sont préoccupés avant tout d'une certaine idée ; ils craignent que la vie sans accidents ne soit trop ennuyeuse. Désirant leur épargner, autant qu'il est en moi, l'ennui qui naît de l'uniformité et de la constance de l'état politique, je viens leur apporter le secours de mes faibles lumières, et leur dire bonnement ce qu'il me semble prudent de faire pour amener une révolution ou, à son défaut, une invasion tous les quinze ou dix-huit ans.

Je ne leur dirai pas de choisir pour capitale

Paris, la ville de beaucoup la plus considérable de l'Empire, parce que cela est fait. Je leur recommanderai seulement de ne pas changer l'état des choses à cet égard. Qu'ils continuent de tenir réunis dans cette ville les établissements, les Facultés, les musées, les écoles, les théâtres, de manière que les savants, les artistes, que les hommes éminents en tout genre nés en province soient nécessairement attirés dans cette ville par des avantages qu'ils chercheraient inutilement ailleurs. Paris sera ainsi non pas seulement la capitale officielle, mais véritablement la tête, le cerveau de la France. Il faut que l'ascendant de Paris soit irrésistible, que la province pense n'avoir rien de mieux à faire qu'à adopter, une fois que Paris aura prononcé, et qu'elle suive Paris comme le corps dans ses mouvements suit les décisions du cerveau.

Voici après cela comment le gouvernement sera organisé. On choisira dans Paris un lieu qui sera le centre unique, le réservoir exclusif du pouvoir pour toute la France. De ce lieu partiront, dans toutes les directions, des chaînes d'agents, de fonctionnaires chargés de porter jusqu'aux extrémités de la nation le pouvoir, la force. Il n'y aura, dis-je, qu'un centre vital, c'est du dernier essentiel. Si l'on établit *des pouvoirs locaux*, on aura soin que ce soit seulement pour l'apparence. Ces pouvoirs n'auront aucune autorité réelle. Non-seulement ils seront destitués de toute force de résistance, ils seront incapables d'empêcher ou même de retarder l'action du pouvoir central, mais encore ils ne pourront rien faire d'eux-mêmes sans une permission partie de Paris. Il en sera de même des particuliers. Qu'aucun particulier ne puisse faire échec au pouvoir central, cela est nécessaire assurément, mais cela n'est pas suffisant. Il faut qu'aucun particulier ne puisse rien faire, même de bien, qui touche de près ou de loin aux intérêts publics; de telle sorte que non-seulement les ordres émanés de Paris soient irrésistibles sur chaque point du territoire, mais encore que toute la vie publique dépende de ces ordres; qu'on soit obligé d'attendre tout progrès du gouvernement, et de rapporter à lui tous les biens comme tous les maux.

Si un particulier avait le pouvoir de réaliser un progrès, une réforme, ou s'il pouvait seulement espérer de le faire, il se mettrait à y travailler sans s'occuper du gouvernement; au lieu qu'en arrangeant les choses comme j'ai dit, un homme, dès qu'il a le moindre abus à réformer, voit qu'il ne le peut que par le moyen du gouvernement et en se plaçant juste à cette place de Paris d'où l'on gouverne. Alors, pour peu qu'il tienne à sa réforme, il songe nécessairement à renverser le gouvernement existant pour mettre à sa place un autre de son choix qui exécutera sa réforme. On voit par là que le moindre novateur est forcé tout de suite d'aller jusqu'à l'idée de faire une révolution ; premier résultat obtenu; mais ce n'est pas tout.

Les novateurs, les mécontents désirent faire une révolution. Si le pouvoir avait un certain nombre de centres dispersés sur la surface du pays, les novateurs comprendraient qu'ils ont à accomplir non pas une révolution, mais plusieurs, autant de révolutions qu'il y a de centres ; ils verraient qu'il leur faut livrer un certain nombre de combats, remporter plusieurs victoires. Cette nécessité exclut l'idée d'un coup de main heureux. Elle suffirait à décourager les révolutionnaires, ce qui serait bien à regretter.

Avec le gouvernement centralisé, au contraire, il y a un point précis que les révolutionnaires peuvent espérer de prendre par un coup heureux ; et ce point pris, tout le reste se rend à discrétion, cela est fort tentant. Comment donc? En brûlant un palais ou en le faisant sauter, il y a chance de mettre toute la France en combustion, cela n'est-il pas extrêmement commode? Et de fait, combien de mouvements révolutionnaires se sont répandus sur toute la France à la suite d'un changement brusquement et facilement opéré dans le lieu gouvernemental ! mouvements qui, sans notre organisation particulière, se seraient arrêtés à Paris, seraient morts en naissant, ou même ne seraient jamais nés, parce qu'on n'aurait pas songé à les tenter. Je ne remonterai pas à la révolution de 1789 pour vous en montrer des exemples. Pour rester plus près de nous, je vous parlerai de la révolution de 1848. Peu de personnes à coup sûr voulaient renverser Louis-Philippe; mais dès que celles qui le voulaient eurent pris le point en question, ce qui peut toujours arriver par un accident, ce fut une affaire finie, la révolution fut faite. Il ne s'agit, quand on s'insurge, que de pousser son souverain jusqu'à l'arc de triomphe. On sait bien que, dès qu'il descend du côté de Neuilly, il n'est plus rien, pour toute la France. Espérons que ce qui est arrivé arrivera encore, mais à une condition, c'est qu'on ne changera pas notre organisation.

La centralisation a encore un autre avantage en temps de guerre. L'ennemi n'a pas à se creuser la tête pour trouver son objectif. Cet objectif lui est offert complaisamment : c'est la capitale, et dans cette capitale le palais du gouvernement. L'ennemi voit clairement la place où il faut frapper pour anéantir promptement la vie nationale : un coup de sabre appliqué avec précision, et le grand corps est à bas; voilà la France subjuguée. C'est comme le V de matière grise que M. Flourens a signalé dans le corps humain entre la deuxième et la troisième vertèbre : un coup d'épingle dans la matière grise, et c'est une affaire faite. Remarquez, s'il vous plaît, qu'un voisin désireux de nous jouer un méchant tour, mais qui ne serait pas tout à fait résolu, pourrait fort bien se décider par cette idée que, en quelques heures, il arrivera dans notre capitale et y donnera le bon coup, premier et dernier. Quand on tient à n'être pas trop longtemps sevré de guerres, il ne faut négliger aucune chance, et celle-ci n'est pas à dédaigner assurément.

J'ajouterai encore quelque chose de bien important en faveur de la centralisation : si elle offre à l'invasion des facilités singulières, si elle est très-mauvaise pour la défensive, c'est au contraire un état très-propice pour l'offensive. Avec la centralisation un pouvoir quelconque rassemble aisément les forces du pays, hommes et argent, et met le tout dans le creux de sa main. Grande tentation pour les gouvernements d'entreprendre des guerres, de chercher des querelles! Ils affronteront cent aventures pour une qu'ils se seraient risqués à courir, si le pays avait été décentralisé et s'il leur avait fallu réunir longuement les moyens et les ressources.

Et voyez les conséquences heureuses! A courir les aventures, il faut renouveler souvent sa provision d'hommes et d'argent; le gouvernement en demande sans cesse; à chaque demande le mécontentement public s'accroît, s'étend; à la fin on perd patience; on est tout disposé à faire une révolution; qu'une circonstance favorable, qu'un hasard heureux se présente, et voilà la révolution que nous souhaitons tous!

J'arrive à un des points les plus importants : la constitution du pouvoir judiciaire. Il faut bien prendre garde de ne pas l'établir de manière que les juges soient indépendants; cela seul suffirait pour conjurer une révolution, car les juges seraient alors des arbitres tout trouvés entre le peuple et ses gouvernants. Le peuple, pouvant soumettre ses réclamations à des hommes impartiaux, ne songerait plus sans doute à recourir à la violence. On sait bien que les nations ne se battent que faute d'avoir su créer un tribunal qui juge leur différend, de même on ne se révolte contre le pouvoir que faute d'un tribunal capable de condamner le pouvoir quand il a tort. Que serait-il arrivé en 1848 si l'opposition, qui prétendait avoir le droit de réunion, tandis que le gouvernement soutenait le contraire, avait pu soumettre le débat à un tribunal sérieux, d'une indépendance reconnue, d'une impartialité au-dessus de tout soupçon? L'affaire se serait terminée devant ce tribunal, et nous manquions les journées de février, celles de juin et une foule d'autres fertiles en émotions agréables pour tout le monde. Gardons-nous d'imiter l'Amérique, où la justice est véritablement un pouvoir dans l'État, et le premier des pouvoirs. Aussi l'Amérique, sans révolutions, sans émeutes, s'en va dépérissant d'ennui. La guerre contre l'esclavage l'a un moment divertie, mais c'est aujourd'hui une question vidée, et l'Amérique a perdu avec elle sa dernière ressource.

Il faut après cela que le gouvernement se mêle de tout, qu'il veuille tout faire et ne rien laisser à l'initiative particulière; que les particuliers ne puissent rien entreprendre (j'entends rien qui concerne le public et tende à un changement général) sans l'agrément du pouvoir. Cette conduite aura deux avantages; j'ai parlé de l'un et je n'y reviendrai pas, mais voici l'autre : plus on agit, plus on donne prise au mécontentement, car il est dans la nature humaine que sur trois actions on fasse deux sottises au moins. Un homme prudent sait qu'on peut agir tant qu'on veut pour soi, car en pareil cas on se pardonne aisément à soi-même ses propres sottises, mais que pour les autres il faut agir fort peu, par la raison contraire. Il est bon d'avoir toujours présent ce conseil de la prudence, afin de ne pas le suivre.

Mais ce qui est peut-être plus important que tout, c'est que le gouvernement ôte à ses adversaires tout moyen pacifique d'arriver jamais au pouvoir. Pour cela il est indispensable d'user de supercherie. En effet, c'est l'essence des sociétés modernes que les choses y soient arrangées de telle manière que la volonté du peuple puisse changer les gouvernants, renvoyer les hommes de tel parti, appeler ceux de tel autre. Si l'on ne faussait pas ces institutions, les adversaires du gouvernement pourraient toujours espérer qu'en endoctrinant le peuple, ils triompheront quelque jour. Il faut prendre des mesures pour tromper cette possibilité. Un moyen sûr, c'est de faire une loi électorale combinée de telle sorte que les classes favorables au gouvernement soient seules appelées au vote. Si, par un accident quelconque, sur lequel on ne pourrait pas revenir, tout le monde était appelé à voter, ce serait bien plus commode. Il n'y a alors qu'à empêcher les masses de lire les journaux, chose toujours facile chez un peuple qui ne sait pas lire, et à défendre les réunions politiques. On ôte par là à l'opposition ses moyens, qui consistent tous dans la propagande libre. On met ensuite en œuvre soi-même tous ceux que donne la possession du pouvoir; on fait agir l'armée immense des fonctionnaires; on abuse de la crainte que les gens de la campagne ressentent naturellement dès qu'ils se trouvent en face des représentants du pouvoir; on exploite les intérêts multiples dont la satisfaction dépend du pouvoir. Dans ces conditions, l'opposition pourrait avoir pour elle tous les grands propriétaires, tous les commerçants, tous les industriels, tous les hommes à talent du pays, qu'elle n'en serait pas moins battue infailliblement. C'est la situation la plus favorable pour une révolution; tout ce qui est inerte et passif dans la nation votant pour le gouvernement un jour d'élection, mais étant incapable de le soutenir avec intelligence et énergie un jour de révolution, et tout ce qui est actif, remuant, intelligent, tout ce qui provoque et accomplit une révolution étant au contraire hostile, et le devenant chaque jour davantage, à raison même de la sempiternelle et aveugle complaisance des masses.

Il y a d'autres avantages encore à ce que le gouvernement empêche les citoyens de former des réunions politiques, et que, mettant sur les journaux un impôt très-onéreux, il les maintienne à un prix trop élevé pour le peuple. Par la lecture des journaux, et surtout par la fréquentation des clubs, le peuple sortirait de son apathie d'abord, de son ignorance ensuite; chaque Français deviendrait un politiqueur, un citoyen. On verrait se former une opinion publique irrésistible qui, tout à la fois, imposerait les réformes nécessaires à mesure de leur opportunité, et rebuterait les tentatives de révolution. Puis, avec des journaux libres en grand nombre, avec des réunions dans tout le pays, le gouvernement serait averti à chaque instant. Il saurait à point nommé ce qu'il faut éviter pour ne pas irriter la nation. Il ne pourrait pas arriver comme à présent en pleine sécurité au bord du trou et être surpris par une poussée imprévue. Il ne pourrait pas comme aujourd'hui ignorer profondément ce qui couve dans l'esprit des masses. Rien ne serait caché, aucune classe ne nourrirait une aspiration ou un projet sans qu'aussitôt un journal ou un club vînt les trahir. Voyez l'Amérique, tout y est clair, tout y est à jour ; à peine un désir commence-t-il à germer obscurément dans l'âme de cinquante citoyens, que tout le public en est averti.

Il sera bon encore..... Mais je m'aperçois d'une chose qui rend mes conseils ridicules. Tout ce que je propose qu'on fasse se fait et même s'est toujours fait. Avec quel succès? Les révolutions de 1830 et de 1848 sont là pour le dire. Probablement une troisième révolution viendra démontrer que ces procédés sont toujours efficaces. Je n'ai donc rien à ajouter. Dieu merci ! nous n'avons pas encore à craindre ce calme fastidieux, assommant, qui résulte d'institutions raisonnables et logiques.

CHAPITRE XII.

Il faut se résumer. — J'ai des intérêts moraux et matériels à ce qu'on me laisse parler et écrire comme je l'entends, à ce qu'on me laisse me réunir avec mes concitoyens comme bon me semble. J'ai droit à faire ces deux choses sans entraves, ni obstacles, ni conditions d'aucune espèce. M'imposer une condition, c'est-à-dire une gêne, sous prétexte d'empêcher que j'abuse, c'est m'infliger une peine avant que j'aie failli. Il faut, en fait d'activité politique, revenir à ce précepte de sens commun et de morale élémentaire qui régit les autres ordres de l'activité : *Attendre, pour réprimer l'abus, qu'il se produise.*

Quand il serait vrai qu'il y va de l'intérêt public, ce ne serait pas une raison, le premier des intérêts publics étant que le droit individuel soit respecté. Invoquer le droit social, en cette affaire, est une sottise. Considérée comme un être extérieur et supérieur aux hommes, la société n'existe pas ; c'est une fiction, et j'ajoute une fiction dangereuse qui n'a causé déjà que trop de désastres. Il n'y a autour de moi et en face de moi que des hommes comme moi, et le nombre n'étant d'aucune considération en fait de justice, les autres équivalent à moi, pas davantage. Une nation qui ordonne ou consent le sacrifice d'un seul de ses membres, fût-ce dans la conviction qu'elle se sauvera par là, commet un crime inutile de toute façon D'abord elle ne vaut pas le salut, et puis on ne s'est jamais sauvé par cette voie; on s'est beaucoup perdu, au contraire. Toutes les sociétés qui ont voulu vivre à ces conditions ont fort mal vécu, et pour les autres, et pour elles-mêmes. L'histoire ancienne et la moderne en sont des témoins irrécusables. Les derniers gouvernements qui sont tombés chez nous avaient imposé aux citoyens le renoncement à tout ou partie de leurs libertés, prétendant que ce sacrifice était nécessaire à l'exercice tranquille et régulier du pouvoir, et ils n'en ont tiré autre chose que des facilités de mal faire qui ont à la fin appelé la révolution sur leur tête.

Cela devait arriver, et je crois que cela arrivera encore.

Qu'on me dérobe et me retienne les libertés qui sont mon patrimoine naturel, c'est déjà assez intolérable; mais qu'on me dépouille ainsi pour arriver à me procurer à moi et à mes concitoyens des révolutions à termes à peu près fixes, franchement cela est trop fort!

J'ai un goût très-décidé pour une certaine forme de gouvernement. Je n'ai pas besoin de dire laquelle; mais je ne suis point un sectaire; je hais cet esprit-là. Je me déclare prêt à accepter pour ma part toute autre forme qui contiendrait l'essentiel. L'essentiel pour moi c'est que je sois libre ou, ce qui est tout un, que le gouvernement soit honnête. L'essentiel c'est que le gouvernement se réduise à exécuter les volontés générales, comme il y est strictement obligé par son contrat, et que chaque citoyen puisse sans entraves ni limites d'aucune espèce former sa résolution particulière, la répandre et la propager. On peut se passer provisoirement de la forme républicaine, mais on ne peut pas se passer de liberté ou, je le répète, de probité dans le gouvernement. J'insiste à dessein sur ce rapprochement. Il faudrait s'élever enfin à l'idée de la propriété immatérielle et comprendre que qui me prend ma liberté me prend ma propriété. On a assez dit : Tel gouvernement est ou n'est pas libéral ; il faut en venir à dire : Tel gouvernement est ou n'est pas honnête.

Si je vivais sous un gouvernement monarchique, mais libéral, certes, je continuerais à vanter à mes concitoyens la forme républicaine, mais je ne ferais pas pour cela d'opposition. Je ne susciterais pas d'embarras au gouvernement ; je l'aiderais même dans ma petite sphère, toujours bien entendu sans cesser ma propagande pacifique. Toute ma conduite dirait en somme à mes concitoyens : Je vous propose quelque chose de mieux à mon sens que ce que vous avez ; mais comme ce que vous avez est très-passable, très-supportable, je veux bien le soutenir jusqu'à ce que je vous aie convertis, ou vous moi. Je marcherai avec vous ; je suivrai votre route en bon compagnon, vous endoctrinant toutefois de mon mieux durant le voyage.

Quand le gouvernement est convenable, on doit, à mon avis, l'appuyer dans une certaine mesure ; il faut donner cela à la volonté générale de ses contemporains.

Mais à un gouvernement qui ne respecte pas mes droits, quand même il s'y croirait autorisé par la volonté de tous mes concitoyens sans excep tion, quand même il aurait réellement tous mes concitoyens pour complices, je dirai toujours non implacablement.

Le gouvernement actuel est assurément dans ce cas, aussi n'ai-je qu'une chose à lui dire : Vous consente qui voudra, moi je ne vous consens pas, et je ferai toujours tout ce que je pourrai pour que mes compatriotes vous refusent ou vous retirent leur consentement.

En tenant ce langage à messieurs nos gouvernants je ne les insulte pas. Ils sont les mandataires et moi le mandant, qu'ils ne l'oublient pas! en sorte que s'il convient à l'un de nous de parler à l'autre d'un peu haut, c'est à moi. Je n'excède pas mon rôle de souverain.

Je sais bien que si le gouvernement craint uniquement les coups de la force, s'il n'a peur que d'être renversé, il doit faire cas du nombre seulement et se rire d'un citoyen isolé, inconnu. Mais s'il a l'âme un peu plus haute, s'il a peur de l'injustice, s'il craint le droit, même destitué de toute sanction, alors c'est une autre affaire. je puis espérer de lui sembler redoutable. — C'est ce que la politesse et la charité m'obligent de croire jusqu'à preuve contraire.

On a paru en haut lieu désirer que les nouvelles générations se lèvent et s'expliquent; c'est ce que je fais pour mon compte, moi qui appartiens à ces générations.

Si j'ai manqué de clarté, je le regrette, j'y ai fait ce que j'ai pu. D'ailleurs le mal n'est pas sans remède; je compte bien y revenir.

FIN.

APPENDICE.

Notre destinée est entre les mains des paysans, des ouvriers, qui, franchement, sont assez mal instruits des choses politiques. Rien n'est donc plus urgent, plus nécessaire, que d'expliquer aux masses nos intérêts communs.

Il n'y a pas un journal fait de manière qu'un homme illettré le puisse lire avec profit; pas un qui, pour être compris, n'exige une multitude de connaissances de toute sorte; pas un qui ne suppose à ses lecteurs une instruction qui fait souvent défaut aux hommes même de la classe aisée.

C'est ce journal indispensable que je propose de fonder.

On se résignerait à y faire absolument le métier

d'instituteur; on y prendrait soin, en exposant une affaire politique, de donner tous les renseignements historiques, économiques, voire même géographiques, nécessaires pour que l'affaire fût comprise. Ainsi, par exemple, on ne parlerait pas au lecteur de la Prusse et de sa rivalité avec la France sans lui dire où est située la Prusse, ce qu'elle est, sa population, ses productions, la forme de son gouvernement, ses rapports avec les autres États allemands. Si l'on n'a la constance de prendre les choses à leurs éléments, jamais on ne sera écouté du peuple. Le langage littéraire et relativement savant des grands journaux actuels explique seul la parfaite indifférence que les masses témoignent pour la politique. Cette indifférence n'est pas naturelle. Le commun des hommes ne pèche pas précisément par insensibilité à ses intérêts, mais on n'a pas su leur faire sentir qu'ils étaient grièvement intéressés.

Ce journal serait hebdomadaire et d'un petit format, afin de coûter aussi peu cher que possible. Avec cela il serait imprudent de compter d'abord sur un grand nombre d'abonnés parmi le peuple des campagnes. Il est encore trop ignorant pour éprouver le besoin de s'instruire. Il faudrait chercher ses premiers soutiens parmi les hommes éclairés et de bon vouloir ; ceux-là recevraient le journal et le répandraient.

A 15 centimes par numéro, le journal coûterait 10 francs par an. Il suffirait de 4,000 actions de 10 francs pour le lancer. La première action, pour qui en prendrait plusieurs, serait remboursée par la réception du journal pendant un an, ce serait une action-abonnement.

Écrire à PAUL LACOMBE, *Paris*, *rue Guy-de-la-Brosse*, 5.

J'ai une autre raison pour donner mon adresse au lecteur; si ceux qui se trouvent professer les mêmes principes que moi voulaient m'en écrire, voici ce que je ferais : j'enverrais à chacun de ces adhérents le nom et l'adresse de tous les autres. Il ne s'agit pas ici de former une société illicite, mais simplement de servir de lien entre des gens de même opinion, de même résolution, qui peuvent s'ignorer mutuellement, quoique peut-être à portée de se voir ou de correspondre. Il est temps que les honnêtes gens s'entendent d'un bout du monde à l'autre sans distinction de nationalité. Une idée commune pourrait être et devrait être une véritable patrie.

5748. — Paris, imprimerie Jouaust, rue Saint-Honoré, 338.

www.ingramcontent.com/pod-product-compliance
Ingram Content Group UK Ltd.
Pitfield, Milton Keynes, MK11 3LW, UK
UKHW020446200726
13857UKWH00002B/596